O que há na bolsa da mulher INTELIGENTE?

Cristiane Lazotti

O que há na bolsa da mulher INTELIGENTE?

Guia prático de finanças pessoais

MATRIX

Direitos em língua portuguesa para o Brasil:
Matrix Editora - Tel. (11) 3873-2062
atendimento@matrixeditora.com.br
www.matrixeditora.com.br

Capa: Renata Senna

Diagramação: Fernanda Kalckmann

Ilustrações: shutterstock

Copidesque: Alexandre de Carvalho

Revisão: Tegnus Franciscus Lamas

Dados Internacionais de Catalogação na Publicação (CIP)
SINDICATO NACIONAL DOS EDITORES DE LIVROS, RJ.

Lazotti, Cristiane
O que há na bolsa da mulher inteligente? : guia prático de finanças pessoais/ Cristiane Lazotti. - São Paulo : Matrix, 2009.
il.

1. Mulheres - Finanças pessoais. 2. Investimentos. I. Título.

09-5340. CDD: 332.024042
CDU: 330.567.2-055.2

Sumário

Dedicatória

Dedico este livro a duas mulheres fortes e determinadas: minha mãe, Tereza, e minha tia, Luzia.

Introdução

A IDEIA DE ESCREVER UM LIVRO PARTIU DE UM sonho antigo, mas que compensou cada experiência que tive, cada pessoa que eu conheci, algumas especiais, outras nem tanto, mas todas com seu valor, todos os "sim" que ouvi e muito mais "não", mas sempre persistindo. Sou uma mulher teimosa, eu sei. E o resultado está aqui. Um sonho realizado! E, quem sabe, aquele empurrãozinho que faltava para você realizar o seu.

Este livro ensina as mulheres a lidar com o dinheiro de uma maneira relativamente simples e em linguagem acessível, sem muitos termos técnicos. Você verá que não é necessário ter MBA em Finanças para cuidar de sua vida financeira. Você será capaz de fazer isso com eficiência, acredite.

Por que você deve ler este livro? Porque você merece mais. Você merece ser a protagonista de sua vida e não apenas uma figurante. Todas nós ouvimos que mulheres não são boas em matemática ou que os homens são quem sabe cuidar bem do dinheiro. Nada disso é verdade. O homem cuidava do dinheiro porque, por décadas, era o único responsável pelo trabalho e sustento da família.

As mulheres então decidiram queimar sutiãs em praça pública e exigir direitos iguais. Entretanto, direitos são acompanhados de obrigações, e muitas não estavam preparadas para isso. Houve então um conflito interno. Apesar das liberdades e direitos adquiridos, como lidar com os assuntos que até então eram da competência masculina? Simples: aprendendo!

"Quem diz que dinheiro não compra felicidade é porque não sabe o endereço da loja."
Glória Menezes.

Para exemplificar minha teoria, apresento casos reais de pessoas, na grande maioria mulheres, que cruzaram minha vida, suas relações com o dinheiro e as consequências. Você pode se identificar com alguns casos, pode ainda encontrar uma amiga que passou por algo parecido ou até estar vivendo algum desses dilemas. Essa foi a maneira que encontrei de trazer para nossa realidade um assunto que muitas vezes assusta as mulheres: finanças pessoais.

O que há na bolsa da mulher inteligente? Você verá que tudo o que há dentro da bolsa de uma mulher inteligente está relacionado ao seu estilo de vida, que é mantido, obviamente, por dinheiro. Desde seu batom até o cupom fiscal do supermercado. Da quantidade de cheques à quantidade de cartões de crédito. A bolsa da mulher inteligente diz muito sobre ela e a sua bolsa também dirá muito sobre você.

Por que mulher precisa ler e aprender sobre dinheiro? Se você está lendo este livro, acredito que o assunto a interesse, mas se foi uma amiga neurótica por dinheiro e sucesso que a obrigou a ler, só para ver se você toma jeito, talvez eu consiga convencê-la. Pare agora e vá direto ao capítulo "A verdade por trás do espelho". Eu tenho certeza de que você não vai precisar pensar duas vezes antes de terminar de ler este livro, que na verdade é um guia prático para a sua felicidade financeira. Não sabe o que é felicidade financeira? Uma das inúmeras definições está ali, no rodapé. Espie lá.

"É bom fazer seu dinheiro virar mais dinheiro."
Paris Hilton

Mostrarei também o outro lado da moeda. Os mitos e verdades da relação das mulheres com o dinheiro, cheque especial, cartões de crédito, empréstimos pessoais e outras maneiras de conseguir mais dinheiro e muitas vezes, mais dívida.

Se a mulher precisa de mais dinheiro, é sinal de mais consumo. E quer coisa melhor do que consumir? Comprar sapatos (amamos sapatos!), roupas, bolsas, perfumes, maquiagem, viagens, carro, apartamento, tudo o que o dinheiro puder proporcionar. E para a alegria feminina, já inventaram o consumo sem limites. Chama-se American Express No Limits, a fada madrinha dos seus desejos. É só passar o cartão e tudo será seu! Só há um problema: não inventaram outra maneira de pagar a fatura no final do mês. A única aceitável é o seu suado dinheirinho.

Neste livro abordo ainda a questão das mulheres que amam demais e não sabem dizer "não". É o complexo da *Jeannie é um gênio*. Se você está na casa dos trinta, irá se lembrar do clássico seriado criado pelo famoso Sidney Sheldon. Jeannie, a gênia loirinha da garrafa, foi encontrada numa ilha deserta pelo astronauta Anthony Nelson, mais conhecido como Major Nelson. Jeannie era apaixonada pelo seu amo, protetor e senhor. Precisa dizer mais alguma coisa?

Quem ama faz loucuras. E a maioria das mulheres mistura amor com dinheiro. É um erro clássico e comum que pode acarretar dívidas sexualmente transmissíveis. Assunto polêmico que exige mais da razão do que da emoção para ser evitado.

Será que essa postura é genética ou comportamental? Para entendermos nossa cultura financeira, é necessário voltarmos no tempo. Mostrarei como as mulheres lidavam com o dinheiro em épocas passadas e como chegamos até aqui. Será que Amélia é que era mulher de verdade? Veremos.

É sabido que os homens têm maior facilidade no campo da matemática. Muitas pesquisas comprovam esse "fenômeno". E por isso devemos simplesmente desistir dela? Jamais! Ninguém precisa de PhD em Finanças para cuidar do seu dinheiro. Precisamos sim de conhecimento, mas principalmente disciplina, determinação e objetivo. E isso nós, mulheres, temos de sobra.

Antes de traçarmos qualquer plano financeiro para o futuro, precisamos conhecer a situação no momento presente. Você sabe o que é um ralo, certo? Ralo + torneira aberta = água ralo abaixo. O mesmo acontece com seu dinheiro. Vamos identificar onde está o seu "ralo financeiro" e fechá-lo de uma vez por todas.

Confesso que não é algo muito fácil, mas se você quer mudar realmente de vida, conseguirá! E vou lhe dar uma injeção de ânimo. Se você for maníaca por filmes como eu, tenho algumas indicações para usar como inspiração nessa nova fase da sua vida de independência financeira. E, é claro, sua nova fase também terá uma trilha sonora.

"Alguns desprezam a riqueza porque desprezam a ideia de enriquecer." Francis Bacon

Você não acredita em histórias de filmes? O que a convence é a história da vida como ela é? Tudo bem! Leia o capítulo "A verdade por trás do espelho". Expectativa de vida de homens e mulheres *versus* sua qualidade de vida. Como a maioria da população sobrevive na aposentadoria e principalmente a realidade da mulher brasileira na terceira idade.

Depois dessas informações, haverá duas escolhas: ou você se junta a elas na terceira idade ou começa agora a pensar num futuro promissor.

Você consegue se imaginar daqui a vinte anos? Muito longe? Que tal daqui a dez anos? Ah! Se você soubesse que poderia estar bem financeiramente, iria fazer a mesma pergunta que eu me fiz, não uma, mas várias vezes: "Por que ninguém me disse isso antes?".

Toda vez que eu descobria ou aprendia algo, essa pergunta surgia em minha mente. E vinha acompanhada de um misto de sensação de balde d'água fria com um nocaute do Mike Tyson. Em seguida vinha o Chaves dizendo: "Ai, que burra! Dá zero pra ela!".

Então, seja esperta. Aproveite essa oportunidade e comece a sonhar. Em um ano: viagem para Nova York. Em três anos: comprar um carro zero quilômetro à vista. Em cinco anos: acumular cem mil reais. Em dez anos: comprar um apartamento. É uma delícia fazer planos, não é? Vamos traçar um plano para chamar de seu. E o mais importante: colocá-lo em prática.

Mas, atenção! Não basta apenas acumular capital (dinheiro). Ele precisa render. Como? Com a mágica da curva exponencial. Calma, não se assuste! Você vai se apaixonar por ela. Vamos apostar? Haverá uma surpresa para você no capítulo "Turbinando seu investimento". Aguarde.

Portanto, prepare-se para ler este guia de finanças para mulheres e mudar sua vida. Ela pode ser muuuuuito melhor do que a que você tem hoje. Só depende de você!

Lembre-se de que a vida é repleta de escolhas. Todos os dias nós fazemos inúmeras delas. Qual roupa vestir, qual caminho fazer, o que comer, o que comprar, o que dizer, o que fazer, o que assistir.

Então, aqui vai outra escolha: você está disposta a buscar sua independência financeira?

( ) Só se for agora! Vamos nessa!

( ) Será? Eu adoro entrar no cheque especial e estourar o cartão de crédito.

( ) Não. Acho mais fácil fugir dos credores. Já nem os atendo mais.

Resultado: qualquer uma das alternativas indica que você tem o perfil para ler este livro. (E você que não respondeu também tem, viu?)

Mulher + dinheiro = cheque especial estourado

PRIMEIRAMENTE, VAMOS ENTENDER O QUE É dinheiro. Dinheiro é um papel-moeda que serve exclusivamente como meio de troca.

Ninguém trabalha arduamente para receber um salário e não

fazer nada com ele. As pessoas trabalham para receber um salário e adquirir bens e serviços. "E as aplicações financeiras?", você pode me perguntar. São apenas formas de "guardar" seu dinheiro para adquirir algo futuramente, seja segurança, viagem, imóvel, carro, enfim, qualquer coisa.

Sem a existência de bens e serviços e sem a existência da necessidade, o dinheiro não serviria para nada. Bom, se você fosse como "o náufrago", personagem de Tom Hanks, sozinha numa ilha com 1 milhão de reais, o que faria? Uma fogueira numa noite fria seria uma opção, não acha?

Agora que já entendemos o que é o dinheiro, vamos entender a relação da mulher com esse meio de troca.

Para algumas, esta relação é bombástica! Afinal, para a grande maioria das mulheres o mundo financeiro ainda é algo difícil de dominar. E quando falo em dominar, começa pela sua própria vida financeira, ou seja, seus ganhos, sua conta-corrente, seus cartões de crédito, seu talão de cheques.

"Dinheiro compra tudo. Até amor verdadeiro."
Nelson Rodrigues

Entretanto, o domínio do dinheiro pela mulher ainda é um tabu, que envolve algo mais do que simplesmente boa administração. Há a questão psicológica: muitas mulheres sentem uma espécie de culpa e até impotência em relação ao marido.

A culpa se dá quando a mulher gasta todo o seu dinheiro, muitas vezes mais do que ganha, com maus negócios, compras por impulso e com sua casa, filhos, marido, animais de estimação etc. Essa mulher costuma canalizar todo o seu dinheiro em prol dos seus e não reserva nada para sua independência. Quando se vê em situação financeira ruim, sente-se culpada.

Se você é uma dessas mulheres, pare agora. Você não sabe o que pode acontecer no futuro. O que a leva a pensar que seus sonhos e sua segurança não têm importância ou podem ficar em segundo plano? Sua família irá admirá-la ainda mais se você tiver os pés no chão e um objetivo bem traçado. Você admira um perdedor ou um vitorioso? Seja uma vitoriosa e colha a admiração de todos à sua volta.

Há também as mulheres que nunca alcançam o que querem,

talvez por escutar maridos e namorados inseguros, esbanjadores ou até machistas. De uma maneira até inconsciente, esses homens colocam suas mulheres para baixo porque essa é uma maneira de mantê-las ali, dependentes deles.

Se você se identificou aqui, converse com seu parceiro. Ele não vai perdê-la só porque você tem planos, sonhos e quer realizá-los. Procure demonstrar como o apoio dele irá fortalecer ainda mais a relação e como você o admira por isso. Seja compreensiva, mas imponha sua vontade. Tenha um parceiro ao seu lado e não um adversário. Ninguém tem o direito de destruir seus sonhos.

Quando a mulher é uma profissional liberal e cobra pelos serviços prestados, há um novo dilema. Se ela não é boa negociadora e não defende bem o valor do seu trabalho, terá grande dificuldade em receber o valor real de seus serviços. Conceder desconto além do previsto causa impacto direto no seu orçamento, e por isso precisará trabalhar ainda mais para compor a renda necessária.

Alguns estudiosos da mulher afirmam que essa fraqueza se dá por ser o oposto das atividades maternais e do lar, onde "os serviços não têm preço". O inconsciente feminino entra em conflito com o novo papel da mulher. Procurar ajuda profissional será de grande importância e irá ajudá-la a defender com unhas e dentes o seu valor profissional.

Um homem com dinheiro demonstra poder, virilidade. A mulher com dinheiro demonstra o quê? Medo? Se este sintoma é extremo, também requer ajuda profissional. São as mulheres que associam o dinheiro ao medo. Têm medo de perder seus parceiros, de não conseguir um parceiro, de perder a feminilidade e, na verdade, o que podem perder com isso é a própria identidade.

A independência financeira de que tratamos é aquela que buscamos para ter uma vida com mais qualidade no futuro. Há mulheres que já têm dinheiro suficiente para sua independência financeira, entretanto, não têm autonomia sobre essa independência. Ter autonomia é tomar suas próprias decisões sobre o que fazer, quando, onde e como, em relação ao seu dinheiro.

Tivemos recentemente um caso de uma atriz famosa que, por

amor, deixou seu jovem marido cuidar de seu patrimônio. Depois de poucos anos ele a traiu, se separaram, voltaram, ele a traiu novamente e se separaram definitivamente. Por uma fatalidade do destino, ele morreu de overdose poucos dias depois. Depois de algumas semanas, li uma frase dessa atriz numa revista dizendo que ele tinha "dilapidado seu patrimônio". Esse caso serve para demonstrar que a independência financeira não é nada sem autonomia. Sem autonomia, sua independência pode se transformar do dia para a noite na tão temida dependência.

Falaremos mais sobre esse assunto no capítulo "A vida que eu quis pra mim".Voltando à relação da mulher com o dinheiro, quem nunca gastou além da conta ou fez alguma extravagância e depois acabou se arrependendo? Acho que todas nós. E isso não acontece só com as mulheres, mas com os homens também. O problema é que a mulher tem uma quantidade infinitamente maior de argumentos para gastar mais do que o homem: manicure, cabeleireiro, massagem, academia, roupas, sapatos, mais sapatos, bolsas, maquiagem, perfumes, cremes etc etc etc.

"Quem comprar o que não precisa, venderá o que precisa."
Provérbio árabe.

Veja só as diferenças entre o homem e a mulher quando vão comprar uma calça, por exemplo.O homem vai ao shopping preferido, geralmente já tem sua marca favorita e sabe em qual loja ir. Compra a calça e vai beber com os amigos. É claro que há exceções, meu irmão Carlos é uma delas.

A mulher já fica indecisa para saber em qual shopping ir. Chegando lá, ela olha todas as vitrines e vai imaginando outros itens interessantes para combinar com a calça nova que nem comprou ainda: a blusinha, o sapato, o colar, o brinco e, quem sabe, uma bolsa nova. Acho que nem preciso comentar o drama de comprar uma roupa, qualquer que seja ela, não é? A roupa precisa fazer você aparentar que está magra, porque mulher que se preza sempre acha que está gorda. E não para por aí. A roupa precisa valorizar a mulher, ter estilo e chamar a atenção. Se outra mulher disser que você está linda, aí o cartão de crédito já sai da bolsa. Cuidado com as vendedoras! Suas opiniões são suspeitas, viu?

Uma amiga, Camila, foi comprar um biquíni. Ela já tem um corpo de chamar a atenção de qualquer um, mas nem por isso despreza a opinião da balança. Normal.

Entrou na loja, olhou todos os biquínis. Escolheu três modelos. A vendedora empurrou mais dois e as respectivas saídas de banho "pra combinar". Lá foi ela para o provador. Um não valorizou os seios, o outro apertou demais seu quadril... até que finalmente um "encheu os olhos". Qualquer consumo precisa ser assim, fazer os olhos brilharem. Foi o que aconteceu. Experimentou a saída de banho e uau! Até que a vendedora disse: "Camila, deixa eu ver como ficou?". Por que toda vendedora quer ver como a roupa ficou? Simples! Para dar a famosa opinião feminina e convencê-la de que você está maravilhosa e fazê-la sair de lá com mais uma sacola nas mãos.

Camila não quis ser indelicada, então abriu discretamente o provador para mostrar à vendedora o biquíni. Era uma loja num shopping de São Paulo e não na praia. Olha só o aconteceu quando ela abriu o provador.

"O segredo de meu sucesso é pagar como se fosse perdulário e comprar como se estivesse quebrado."
Henry Ford, industrial americano que inventou a linha de produção.

Tinha uma figura do tipo Sharon Stone, óculos escuros modelo máscara, uns 45 anos, "esquema macro", como diz meu amigo Flávio.

Assim que a gatona botou os olhos na Camila, foi um alvoroço. Chamou a filha, a amiga e claro que as outras vendedoras também apareceram. "Nossa! Esse biquíni está maravilhoso em você. Gente, olha só o corpo dela! Sai daí e dá uma voltinha pra gente ver. Que pernas são essas? Você faz academia?"

A Camila, embora com o ego nas alturas, não sabia onde enfiar a cara, tamanho o alvoroço. Se ela tinha alguma dúvida sobre comprar ou não o biquíni, foi resolvida num piscar de olhos. Saiu de lá com o biquíni e, lógico, com a saída de banho.

Percebeu que sempre compramos mais do que precisamos? Assim é a relação da mulher com o dinheiro. Na maioria das vezes a mulher sempre gasta mais do que de fato precisa, gasta mais do que ganha. Isso nada mais é do que o dinheiro proporcionando prazer imediato.

Atenção para esta sequência de fatos: compra por impulso, prazer imediato e sentimento de culpa. Toda aquela alegria no momento da compra pode se transformar em frustração ao chegar em casa. Muita calma nessa hora!

A situação é agravada quando estamos em datas especiais como o Natal, por exemplo, onde o "querer" supera o "poder" e presentear toda a família é uma vontade que beira a obrigação. A generosidade embriaga o coração e confunde a mente e o próximo passo é estourar o limite do cartão de crédito ou o do cheque especial.

Não estou levantando a bandeira da avareza ou do pão-durismo, não é nada disso. Prezo e prego a felicidade financeira. De que adianta acumular dinheiro e não proporcionar felicidade?

A mulher precisa considerar pequenos prazeres sim; afinal, que graça tem a vida sem prazer? Entretanto, precisamos cuidar para que os prazeres da vida não se tornem pesadelos.

Sendo assim, qual será a origem de algumas mulheres viverem endividadas, outras sempre na corda bamba e outras serem mais seguras em relação ao dinheiro? Muitos autores dizem que todos nós, homens ou mulheres, temos uma espécie de "inconsciente familiar" que influencia o modo de vida das pessoas dessa família.

O psicanalista americano Murray Bowen (1912-1990) diz que "quando um indivíduo nasce, ele não vem ao mundo como uma tela em branco, mas inserido numa história familiar que compreende várias gerações, e recebe uma série de missões e projeções dos pais, avós e da família extensa".

Será que, em matéria de dinheiro, tendemos a ser parecidas com nossos pais? Não podemos negar que a influência é grande, mas volte para sua infância e procure se lembrar como seus pais lidavam com o dinheiro.

Minha mãe, meu pai e meus dois irmãos, um mais novo e outro mais velho que eu, essa era minha família. Meu pai era um chefe de departamento de uma empresa metalúrgica e sustentava toda a família. Vivíamos como qualquer família brasileira de classe média baixa.

Sempre que meu pai recebia seu salário, sentava-se com

minha mãe e fazia uma relação de todas as despesas. Era ali que tomávamos conhecimento de como seria o próximo mês. Meu pai sempre controlou com afinco seus ganhos e hoje tem uma vida razoavelmente boa.

Lembro-me de quando meu pai comprou seu primeiro carro zero quilômetro. Voltei da escola e sentei-me à mesa para almoçar com minha mãe e meu irmão mais velho, Carlos, quando comentei: "Que legal! Nós temos uma casa própria, uma moto novinha e agora um carro zerinho, mas não temos o que comer!". E caíamos na risada. Em nossos pratos apenas arroz e ovo frito. Não podíamos comprar carne, mas era algo passageiro, até pagar o carro. É claro que era por isso que achávamos engraçado, afinal passar fome não deve ser nada agradável.

Comecei a trabalhar informalmente aos 12 anos, e aos 16 consegui um emprego com registro em carteira num escritório de contabilidade. Estava no primeiro ano do curso profissionalizante em Tecnologia de Processamento de Dados. Foi aí que comecei o controle das minhas despesas. Cada página de um caderno representava as despesas e receitas de um mês. Evoluí no controle e já tinha o ano inteiro planejado. Cada vez que comprava algo a prazo, anotava em meu caderno para saber o que tinha a pagar.

Com certeza, nesse aspecto eu me pareço muito com meu pai e pode ter sido meu inconsciente familiar surgindo naquele momento.

Entretanto, a maioria das mulheres tem uma relação muito mais afetiva com o dinheiro, sendo prejudicadas por essa visão distorcida. Veja se você encontra algum de seus pontos fracos a seguir:

1. Mulher, quando economiza algum dinheiro, geralmente o guarda em casa ou numa poupança; raramente faz investimentos desconhecidos.

2. Mulher usa o dinheiro para comprar objetos que deseja e não necessariamente de que precisa (é a compra por impulso).

3. Mulher adora gastar dinheiro para presentear amigas, familiares, namorados, maridos e afins.

4. Mulher sonha que um homem entrará em sua vida para "cuidar" dela, lhe dar segurança financeira ou dizer o que ela deve fazer com seu dinheiro.

5. Mulher vê o dinheiro como uma possibilidade de "cuidar" das outras pessoas e se coloca geralmente em segundo plano quando essas pessoas dependem dela financeiramente.

6. Mulher, quando se vê em problemas financeiros, quer ser justa e não negocia juros menores. Geralmente se punem pelos seus erros financeiros de uma maneira pouco inteligente.

7. Mulher tem visão imediatista sobre o dinheiro. Não vê o dinheiro como possibilidade de multiplicá-lo, mas apenas como um meio de conquistar o que quer.

"Quem quer dinheiro?"
Silvio Santos

Talvez aqui você já tenha identificado alguns pontos fracos de uma maneira geral. Agora, pense apenas em você, nas suas atitudes, e seja sincera consigo mesma, assinalando "X" nos campos "verdadeiro" ou "falso" no quadro a seguir:

QUESTÕES	V	F
1. Sempre que quero conseguir alguma coisa, traço um objetivo e vou ao encontro dele.		
2. Analiso minhas contas, meu talão de cheques e o extrato de meu cartão de crédito periodicamente.		
3. Caso aconteça algum problema no meio do caminho, sempre tenho um segundo plano.		
4. Não "empresto" meus dados para comprar em nome de terceiros.		
5. Não empresto dinheiro, cheque ou cartão de crédito para amigos ou familiares, exceto em emergência.		
6. Consigo negociar meus ganhos, defendendo meu valor profissional.		

QUESTÕES	V	F
7. Atualizo-me diariamente sobre as novidades na minha área de trabalho, o que acontece no Brasil e no mundo.		
8. Obtenho uma renda extra todo mês com serviços e produtos vendidos, além do meu trabalho normal.		
9. Costumo avaliar meus hábitos de consumo regularmente e raramente extrapolo.		
10. Se gasto além do necessário em algum mês, costumo economizar o dobro no outro para compensar.		
11. Sempre tenho ideias de como ganhar mais dinheiro, além da minha renda atual.		
12. Quando tenho uma ideia viável, é certo de colocá-la em prática.		
13. Converso sobre maneiras de administrar o dinheiro com meu namorado ou marido.		
14. Raramente me arrependo dos itens que comprei no shopping, no supermercado, na internet etc.		
15. Não compro nada além do preço de mercado só para poupar tempo ou porque é conveniente.		
16. Não deixo outras pessoas tomarem decisões sobre o que fazer com o meu dinheiro.		
17. Todo mês separo um valor dos meus ganhos e faço alguma aplicação na poupança ou outro investimento.		
18. Tenho previdência privada, faço investimentos frequentes e sei exatamente com quantos anos vou me aposentar.		
19. Anualmente tiro férias integrais, programando antecipadamente uma viagem ou atividades para relaxar.		
20. Minha segurança financeira está, na prática, entre minhas prioridades.		

Conte apenas as questões em que você assinalou "verdadeiro" e veja sua classificação:

Pontuação: de 0 a 10 – "Na corrida dos ratos"
Você precisa de ajuda! Ser "boazinha" e pobre só a deixará dependente dos outros e/ou de um emprego pelo resto da vida. Você está num círculo vicioso (trabalho e dinheiro para pagar contas). A vida é muito melhor quando você é dona do seu nariz.

Você já deu um passo importante ao ler este livro, mas precisa colocar em prática o que só está nos seus sonhos como algo muito distante. Sua felicidade financeira ficará mais próxima quando tomar as rédeas da sua vida. Mãos à obra!

Pontuação: de 11 a 17 – "Saindo da corrida dos ratos"
Você está no caminho certo! Sabe da importância de ter uma vida tranquila no futuro e está agindo agora, mas não tem certeza se as atitudes que tomou a farão chegar lá. Você não quer ficar para sempre nesse círculo vicioso (trabalho e dinheiro para pagar contas) e está fazendo algo para sair dele. Entretanto, ainda há algumas dificuldades e desconhecimento sobre o assunto. Aproveite para descobrir neste livro o que está faltando.

Pontuação: de 18 a 20 – "Alcançando a felicidade financeira"
Você é quase uma expert no assunto e exemplo a ser seguido por algumas pessoas. Sua felicidade financeira está em vias de ser conquistada. Conhecimento é a chave do negócio. Você encontrará neste livro novas estratégias, oportunidades e dicas para chegar mais rápido ao seu objetivo. Parabéns!

Agora que você identificou alguns pontos desfavoráveis, precisa rever esses conceitos e colocá-los a seu favor. Para tanto, precisa aprender a dominar seus pensamentos. Você nunca ouviu falar que pensamento tem poder? De fato, eles têm.

> "Em 99% das vezes eu pago a conta. Sou o homem da relação."
> Gisele Bündchen

Se você pensa em guardar dinheiro para momentos difíceis, o que acha que conseguirá? Momentos difíceis. Se você guarda dinheiro para ajudar em alguma doença em família, veja o que, inconscientemente, você está atraindo. Portanto, está mais do que na hora de mudar seus pensamentos e almejar coisas boas, que tragam felicidade. Que tal guardar dinheiro para ter uma vida mais tranquila no futuro?

É claro que no meio do percurso alguma coisa pode dar errado. Pode surgir uma despesa inesperada. O que fazer? A primeira atitude é: **jamais desista do seu objetivo**. Se for algo realmente importante e você não tiver outra alternativa para conseguir o dinheiro e solucioná-la, tudo bem. Utilize o dinheiro aplicado, mas volte a perseguir o seu objetivo.

"Jamais desista de seu objetivo."

Muitas de nós já levamos tombos feios na vida, sejam financeiros ou até amorosos. E a melhor alternativa é continuar no chão, deixando a vida passar como se não tivesse mais importância? Desistir de lutar pelos seus sonhos? De jeito nenhum! Mulheres fortes e determinadas caem sim, mas sabem levantar, sacudir a poeira e alcançar seus objetivos.

Para tomar as rédeas de sua vida financeira, você precisa saber para onde seu dinheiro vai. Esse é o momento que chamo de "aprendendo o beabá".

Qualquer que seja seu sonho financeiro, o primeiro passo é tomar conhecimento da sua situação financeira. É algo simples, mas que, muitas vezes, causa surpresas.

O objetivo desse controle não é apenas registrar suas despesas e receitas, mas observar para onde vai o seu dinheiro. E não se trata de colocar apenas as despesas maiores. Muitas vezes gastamos um valor considerável com pequenas coisas, o que, ao final, torna-se uma grande dor de cabeça. Quer ver? Você retira duzentos reais no caixa eletrônico e coloca na carteira. Depois de poucos dias, o dinheiro desaparece como num passe de mágica e você pensa: "Onde foi que eu gastei esse dinheiro?". Coisas pequenas, sem importância, e que no final das contas têm muita importância.

Então, será que você está administrando bem o seu dinheiro, isto é, de maneira inteligente?

Muitas mulheres acreditam que não conseguem investir nenhum centavo porque não ganham o suficiente. No final do mês não há economia, logo, não há o que investir. Isso é um mito! Afinal, o segredo do ter ou não alguma economia para investir não está em sua renda, e sim no que você faz para gastá-la.

> "Por tudo que já recebi, eu deveria acordar de joelhos."
> Xuxa

Para ter economia precisamos controlar o que entra e o que sai. Se você é empregada e tem um salário garantido no final do mês, não pode aumentá-lo quando bem quiser. Entretanto, controlar e até reduzir suas despesas é algo que depende exclusivamente de você, do seu esforço e até de sua família.

É muito comum a conquista de promoções na carreira profissional e estas vêm acompanhadas de aumentos salariais. O que fazemos quando crescemos profissionalmente? Aumentamos nosso nível social. Os filhos vão para uma escola melhor, entramos na academia, compramos roupas de marca, trocamos o carro, compramos uma casa maior, tudo o que demonstra que estamos progredindo na vida.

Aí está um grande problema porque, se mal planejado, o incremento na vida social é maior do que a promoção.

Helena foi promovida na empresa. Ficou tão feliz que decidiu trocar seu carro usado por um novinho em folha, financiado em três anos. Seguro, rádio com Bluetooth, documentação etc. O investimento inicial já ultrapassara a sua promoção, mas tudo bem, ela pensou: "Nos próximos meses, tudo melhora". Nada poderia estragar sua felicidade, até perder o emprego um ano depois por uma crise no setor. Ela estava desempregada, com uma dívida de dois anos e sem nenhuma economia.

Se você é uma empresária ou uma profissional autônoma, sabe que é mais difícil ainda, porque não sabe quanto vai ganhar no final do mês. O ganho variável requer ainda mais controle de suas despesas, ou seja, ter um custo fixo o mais baixo possível. Outra atitude a ser adotada é planejar muito bem qualquer aquisição para não se comprometer com uma nova despesa que você não sabe ao certo se terá como honrar.

Portanto, analisar onde estamos gastando nosso dinheiro é fundamental para identificar se estamos utilizando-o de maneira inteligente. Sobrou R$ 50,00 no final do mês? Não importa! Já é o suficiente para aplicar numa poupança bancária.

Agora, uma verdade sobre as mulheres e o dinheiro. A maioria das mulheres jovens acha que é cedo para pensar em aposentadoria. Se você imaginar que com o tempo poderá progredir profissionalmente e ganhar mais, é o que provavelmente acontecerá. Porém, se você deixar para pensar na sua aposentadoria apenas no futuro, cometerá um grande erro.

Para acumular uma renda suficiente para sua aposentadoria, quanto antes iniciar melhor. Se começar a investir com 50 anos de idade para se aposentar aos 60 anos, o valor mensal a ser investido será muito maior do que o que você investiria se começasse aos 20 anos, por exemplo.

"O dinheiro não só fala, como faz muita gente calar a boca."
Millôr Fernandes

A seguir, apresento alguns exemplos de acumulação de renda.

Exemplo nº 1 – Um único investimento "esquecido" em aplicação conservadora.

Depósito de R$ 100,00 uma única vez, numa aplicação que rende 0,7% ao mês. Imaginando que o cenário não será alterado, sabe quanto você acumularia ao longo dos anos com apenas esse investimento de R$ 100,00 e nenhum centavo a mais?

INVESTIMENTO ÚNICO	R$ 100,00
tempo	**renda**
em 1 ano	R$ 108,73
em 5 anos	R$ 151,97
em 10 anos	R$ 230,96
em 15 anos	R$ 351,00

em 20 anos	R$ 533,42
em 25 anos	R$ 810,66
em 30 anos	R$ 1.232,00

Juros de 0,7% a.m.

Apenas a título de esclarecimento, uma aplicação conservadora pode ser, neste caso, a poupança, que em dezembro de 2008 pagou juros de 0,72%.

Observe que em 10 anos, com um único investimento de R$ 100,00, você teria R$ 130,96 de lucro, sem fazer nenhum esforço. Isso significa que seu patrimônio cresceria 130% nesse período.

Exemplo nº 2 – Investimentos fixos e mensais em aplicação conservadora.

Depósito mensal no valor de R$ 100,00 em aplicação que rende 0,7% ao mês. Imaginando também que o cenário não será alterado, sabe quanto você acumularia ao longo dos anos com apenas esse investimento fixo todo santo mês?

"Eu gostaria de viver como um pobre, mas com muito dinheiro."
Pablo Picasso

INVESTIMENTO MENSAL		R$ 100,00	
tempo	**investimento**	**+ juros**	**= renda**
1 ano	R$ 1.200,00	R$ 56,03	R$ 1.256,03
5 anos	R$ 6.000,00	R$ 1.476,78	R$ 7.476,78
10 anos	R$ 12.000,00	R$ 6.839,51	R$ 18.839,51
15 anos	R$ 18.000,00	R$ 18.107,86	R$ 36.107,86
20 anos	R$ 24.000,00	R$ 38.351,21	R$ 62.351,21
25 anos	R$ 30.000,00	R$ 72.234,17	R$ 102.234,17
30 anos	R$ 36.000,00	R$ 126.845,75	R$ 162.845,75

Juros de 0,7% a.m.

Observe atentamente a coluna de juros. Veja que, com o passar do tempo, os juros representam um valor muito maior do que o investimento em si. Essa é a máxima da curva exponencial. Vamos explicar esse fenômeno mais à frente.

O segredo para alcançar sua felicidade financeira é ter determinação e disciplina. Isso não é sonho, é realidade!

O fator tempo pode assustar um pouco, afinal vinte anos "é um tempão". Pense em outras coisas que você fez na vida que consumiram tempo, mas que quando percebeu já tinha terminado? Uma faculdade, um curso de atualização, o financiamento do primeiro carro.

Observe que quando a questão é gastar dinheiro, não há tanta resistência no fator tempo, ao contrário, ele parece ser um aliado. É o caso das vendas de veículos zero quilômetro em 60, 72 e até 84 vezes.

Geralmente o consumidor não pensa que irá demorar por volta de seis anos para pagar um bem, ele pensa apenas na prestação que cabe no seu orçamento.

Levando em conta os números, imagine que você queira comprar um carro popular de R$ 35.000,00 com juros módicos de 1,50% ao mês. As suaves parcelas ficariam em torno de R$ 800,00 por mês. Logo, se você recebe, no mínimo, três vezes esse valor e está adimplente, é bem provável que seu financiamento seja aprovado rapidamente e você seja a mais nova dona de um carro novinho em folha. Parabéns!? Não é bem assim.

Somando todas as parcelas, você estaria desembolsando ao longo desses seis anos o equivalente a R$ 57.600,00. Isso sem contar que, ao final do financiamento, seu carro já estaria bem desvalorizado, além dos custos de manutenção que aumentariam a partir do terceiro ano. Portando, jogaria pela janela, no mínimo, R$ 30.000,00 (entre juros e depreciação do bem).

Sabemos que automóvel não valoriza. Esse é o preço que pagamos pelo conforto. E se, em vez de investirmos em uma "despesa", investíssemos em uma "receita". Como? Aplicando os mesmos R$ 800,00 por mês que você jura que não tem, mas que para pagar a parcela do carro zero você arruma um jeitinho.

Percebeu que para investirmos sempre temos uma desculpa para não fazê-lo e para gastar sempre arrumamos uma justificativa da suposta "necessidade"? Pense nisso e inverta o jogo!

Se puder ficar com seu carro usado mais alguns anos, use esse tempo para acumular renda. Com determinação, fará um negócio muito melhor, podendo até comprar seu carro zerinho à vista, antes do prazo previsto.

E aqui vai uma dica importantíssima para ajudá-la a acumular renda todo mês:

"Pague-se primeiro."

Adote essa dica como uma regra que deve ser religiosamente respeitada: **Pague-se primeiro!** E o que isso quer dizer? Significa que você trabalhou arduamente o mês inteiro para receber seu salário ou seus rendimentos, então, antes de pagar suas contas ou dar-se um presente do tipo "eu mereço...", invista uma parte (de 5% a 10%) dos seus ganhos todos os meses. Essa é a primeira conta a ser paga: sua segurança financeira.

"E como ficam as contas?", você pode me perguntar. No próximo capítulo iremos avaliar se todas as suas despesas são realmente necessárias e compatíveis com seu padrão financeiro. Sabe qual a vantagem de se pagar primeiro? É muito mais fácil você arrumar um meio de ganhar dinheiro extra para pagar suas contas do que ter todo esse trabalho para poupar algum para si mesmo.

Quem trabalha, tem dinheiro. Não importa quanto, mas tem. Demonstrarei isso também no próximo capítulo. As escolhas da sua vida são feitas por você! A questão não é o tamanho do seu salário, mas como você o gasta.

Antes de correr para a internet e fazer sua primeira aplicação, precisamos descobrir um pouco mais sobre o seu perfil, sua situação financeira atual e aí sim planejar seus investimentos. Afinal, não dá para construir uma casa sem suas fundações e alicerces, não é mesmo?

Não atropelar etapas é o que manterá seus pés no chão e você livre de surpresas desagradáveis que podem jogar sua euforia ralo abaixo.

Tenha sempre em mente que você é a única responsável pela sua independência financeira e que enfrentar a situação, seja ela qual for, é sempre uma atitude muito melhor do que simplesmente ignorá-la.

Alguma vez você fez regime ou dieta para emagrecer? Então você precisou mudar seus hábitos alimentares, ingerir alimentos menos calóricos e até fez alguma atividade física. Cuidar da sua independência financeira é algo bem parecido. Também requer mudança de hábitos, acompanhada de muita determinação e disciplina. E se você tem família, converse sobre seus novos hábitos, aonde pretende chegar e consiga o apoio das pessoas que você ama. Essa será uma cooperação valiosa.

O desafio está lançado. Mulheres inteligentes e fortes sempre conseguem o que querem e você é uma delas. Prepare-se para uma virada em sua vida.

O Complexo da **Jeannie** **é um gênio**

JEANNIE É UM GÊNIO É O NOME "ABRASILEIRADO" do seriado de televisão americano *I dream of Jeannie*, criado e produzido por Sidney Sheldon.

A gênia da garrafa, encontrada pelo astronauta major Nelson

numa missão fracassada, fez com que sua garrafa flutuasse e fosse para a casa do major junto com seus pertences. Ela se metia em muitas confusões para conquistar seu único objetivo: o amor do seu “amo”.

Traço um paralelo aqui entre a Jeannie e muitas mulheres que, para conquistar a admiração e o amor de seus homens, fazem qualquer coisa para agradá-los. Se pudessem, realizariam todos os seus desejos, como se fossem a gênia da lâmpada.

Essas mulheres com Complexo da *Jeannie é um gênio* muitas vezes se deparam com sapos, em vez de príncipes encantados.

Foi o que aconteceu com uma grande amiga que, após o falecimento de seu pai, herdou cinco apartamentos em regiões nobres de São Paulo. Seria o suficiente para viver sem grandes preocupações financeiras pelo resto de sua vida, até conhecer um homem e se apaixonar loucamente. Colocou sua vida, seu coração e sua herança em suas mãos.

Sempre com as melhores intenções, ela assinava cheques, fazia todas as suas vontades e se sentia poderosa ao ajudar seu homem a realizar seus sonhos (sonhos dele e não dela). Até que um belo dia ela se viu pobre, sem imóveis, sem teto e com um filho recém-nascido.

Nada disso aconteceu do dia para a noite. Houve sinais de que o amor começava a custar caro, mas ela preferiu não enxergar a verdade e se enganar, sonhando com um final feliz.

Não se engane! Sei que é difícil, mas nunca coloque a emoção no lugar da razão. Saiba proteger o que você tem e o que lutou para conquistar.

Luíza era uma loira linda, olhos verdes, de parar o trânsito. Um dia conheceu Pedro, rapaz de bem com a vida, cheio de amizades, charmoso e com um sorriso de encantar qualquer uma. Foi paixão instantânea.

Depois de algum tempo casaram-se, e lá foi Pedro para o apartamento da amada. Logo depois, ele perdeu o emprego. Ela, preocupada, resolveu ajudá-lo. “Que tal fazer uma faculdade? Eu pago o curso até você arrumar um novo emprego.” Este, na verdade, um sonho que Pedro não teve dinheiro e tempo para realizar. Luíza era, naquele momento, sua Jeannie.

Durante os quatro anos da faculdade ela bancou tudo, inclusive as despesas da casa, com os malabarismos financeiros que todas nós sabemos fazer muito bem quando nos encontramos em situações extremas.

Ele terminou a faculdade, conseguiu um emprego e uma nova namorada também.

Na separação, Pedro ficou com metade do apartamento que era da Luíza. Como ela o sustentou durante a maior parte do casamento, ele ainda teve direito a pensão alimentícia. Sim! Os homens podem pedir pensão às suas ex-mulheres.

Misturar generosidade com amor é uma poção perigosa. Talvez a culpa dessa generosidade desmedida seja da oxitocina, popularmente conhecida com o hormônio do amor, do cuidar. A oxitocina tem a função de promover as contrações uterinas durante o parto e a ejeção do leite durante a amamentação. Também está ligado ao sentimento das pessoas, como ao abraçar uma pessoa querida de longa data.

Em 2006, a Universidade de Zurique, na reunião anual da Sociedade de Neurociência, apresentou um estudo que mostra que, caso a oxitocina fosse pingada no nariz de uma pessoa prestes a começar uma discussão, diminuiria a produção do cortisol, hormônio produzido em resposta ao estresse, o que acabaria com a discussão.

Apesar disso, é inútil evitar a doação e ajuda entre as pessoas que se amam. Afinal, que graça teria um relacionamento sem confiança, comprometimento e cumplicidade?

Entretanto, em nome do amor, muitas pessoas são prejudicadas. Não há mal algum em emprestar dinheiro a quem você ama, desde que você faça um contrato determinando como essa dívida será paga.

Se Luíza tivesse pensado nisso antes, poderia executar o contrato e cobrar, na separação, todo o investimento feito na carreira universitária de Pedro.

Geralmente as mulheres só pensam nisso quando tudo está

acabado, mas aí não há mais para quem reclamar. Seja esperta: a prevenção não faz mal a ninguém. Se a pessoa amada sentir-se ofendida, pense em como você ficará caso a dívida não seja quitada. Ame-se e proteja-se primeiro.

Não é à toa que o número dos contratos pré-nupciais aumentou nos últimos anos. Assinar um contrato desses não traz demérito algum, nem quer dizer que o amor é mesquinho, muito pelo contrário. Alguém que assina um contrato desses demonstra que está se casando com você por amor e não pelos bens que você tem.

Você acharia justo conquistar um patrimônio sólido e, ao se casar, seu marido já ter direito a 50% de algo que nunca a ajudou a conquistar?

Se você foi autossuficiente para trabalhar, ganhar dinheiro, gastá-lo e ainda construir um patrimônio, por que colocar nas mãos de outro essa administração? Está mais do que na hora de aprender a cuidar das suas finanças.

Esses e outros tantos casos de mulheres que amaram, confiaram demais e acabaram no prejuízo são comuns. Há dívidas que também são transmitidas entre parceiros, dívidas sexualmente transmitidas, podemos dizer.

Aline era apaixonada por Robson. Ela era batalhadora e sempre esperava mais da vida. Já Robson era muito sonhador e pregava o ditado "o que tiver de ser, será".

Para trabalhar longe de casa, ele preferiu vender o carro e comprar uma moto. Como a moto era mais cara que o carro, requeria um financiamento. Como ele estava com alguns problemas em seu nome, pediu a Aline que financiasse a moto para ele. Foi o que ela fez.

Se Aline soubesse o resultado de sua generosidade, jamais teria assinado aquele contrato.

Depois de dois meses, Robson foi assaltado e a moto nunca mais foi encontrada. O financiamento continuava lá. Como ele pagaria a prestação da moto e ainda a prestação de outro carro para trabalhar? Ele convenceu Aline a negociar com o banco e ir empurrando a dívida até onde pudesse.

Ela passou a ter problemas com crédito, recebeu visitas de oficiais de justiça em sua casa. Robson nunca procurou um advogado ou foi até o banco com as notificações. Até que, um dia, Aline foi abordada em seu trabalho e foi obrigada a acompanhar os policiais até uma delegacia.

Ser depositário infiel ou devedor de alimentos são os únicos casos de processos administrativos que são julgados pelo Juízo Cível e que podem resultar em prisões administrativas no Brasil. Embora existam diversas discussões sobre a inconstitucionalidade da prisão do depositário infiel e do inadimplente de pensão alimentícia, os artigos que determinam essas prisões continuam vigentes.

Aline ficou quatro dias detida. A liberdade não tem preço. É irônico, mas foi no fundo do poço que ela percebeu quem era seu grande amor, e se libertou da dívida e do namorado.

Não há regras, mas a prevenção é sempre uma ótima aliada, principalmente quando o amor está envolvido. Foi o que aconteceu com Helena. Viveu com seu marido durante vinte anos, e nos últimos anos passou a assinar documentos da empresa do marido. Por confiança, nunca questionava. Assinava e pronto. O casamento e a empresa quebraram praticamente juntos, e Helena herdou uma dívida gigantesca da empresa, cuja documentação eram as operações financeiras que assinava como avalista. Para resolver o problema, Helena foi obrigada a vender um de seus apartamentos para cobrir a dívida.

Outra dica muito importante é: **nunca seja avalista ou fiadora de ninguém**. Nem da sua melhor amiga, tampouco do seu marido. Você será obrigada a arcar com dívidas de bens e serviços que você sequer usufruiu.

"Nunca seja avalista ou fiadora de ninguém."

O caso mais comum é o do fiador de aluguel. O fiador deve possuir um imóvel de mesmo valor ou maior do que o que está sendo alugado pelo locatário ou inquilino. Em caso de inadimplência do inquilino, o fiador é responsável pelo pagamento de tudo o que o contrato prevê. Caso não tenha o montante suficiente para quitar a dívida, o imóvel do fiador apresentado como garantia poderá ser executado. Livre-se desse pesadelo! Além da fiança, o inquilino tem três alternativas:

a. Aluguel adiantado: o locador poderá exigir o pagamento adiantado do aluguel até o sexto dia útil do mês.

b. Caução: o inquilino deposita o valor correspondente a três aluguéis em caderneta de poupança, em nome dele e do locador. Ao final do contrato, não havendo dívidas, o inquilino pode retirar o montante e os rendimentos do período aplicado.

c. Seguro-fiança: o inquilino contrata uma seguradora que irá garantir o pagamento dos aluguéis. Apesar de ser uma alternativa relativamente cara, uma vez que o desembolso deste seguro chega a custar 1,5 aluguel ao ano, pode evitar grandes problemas futuros.

Com seu instinto maternal e acolhedor, a mulher quase sempre se coloca em segundo plano. Os interesses e necessidades das pessoas amadas são mais importantes para sua própria felicidade. Essa afirmação muitas vezes se associa ao sentimento de depressão, descaso e pouco valor. É assim que as mulheres se sentem ao esperarem algo em troca da sua "incondicional" dedicação.

No filme *Mulheres, o sexo forte* há um diálogo interessante entre as personagens Mary (Meg Ryan) e a desconhecida Leah (Bette Midler) sobre a relação da mulher com suas necessidades sempre em segundo plano.

Prestes a se separar do marido, Mary diz à desconhecida que é uma pessoa boa, que procura sempre fazer a coisa certa. Deixa uma pessoa com apenas um item passar à sua frente na fila do caixa, dá dinheiro aos sem-teto, recicla o lixo e nunca trapaceou (exceto jogando Banco Imobiliário, uma vez).

Mary continua se lamentando e dizendo que não entende por que seu mundo de repente desmoronou. Passou a vida toda tentando ser tudo para todos e, mesmo assim, alguém sempre se decepcionava. E muitas dessas vezes era ela mesma.

A estranha dá uma ótima explicação, contando o segredo da própria vida. "Não se importe com ninguém. Seja egoísta. Porque quando você se pergunta 'e quanto a mim?' tudo muda para melhor." Então ela olha curiosa bem nos olhos de Mary e pergunta: "Afinal, quem é você? O que você quer, Mary?".

É muito comum as mulheres abandonarem seus sonhos para ajudar na realização dos sonhos dos outros, apoiar a família e, principalmente, o marido, colocando-se em segundo lugar. Isso acontece também entre as mulheres solteiras, que estão dispostas a ajudar quem necessitar de qualquer favor, seja emocional, financeiro ou profissional. Tudo em nome da generosidade, simpatia e amizade.

Essas são as mulheres boazinhas, que geralmente se encontram insatisfeitas e se julgam injustiçadas porque, quando precisam, não há ninguém que faça o mesmo por elas, na hora e do jeito que elas querem. E sabe por quê? Por que mulheres assim acreditam que serão recompensadas por serem prestativas, por ajudarem sempre de bom coração, mas a realidade é outra.

Em outra cena, Mary tem uma conversa surpreendente com sua mãe de 60 anos. A mãe diz que tem muitos arrependimentos na vida, e o maior deles foi nunca ter conquistado nada por ela mesma. O que conquistou foi sempre à sombra do marido. Nenhum mérito exclusivo dela. E, sobretudo, lamenta não ter ensinado à filha a batalhar por seus sonhos.

Então, se você vive se preocupando com os outros e se colocando em segundo plano, faço a mesma pergunta para você, leitora. Você sabe quem você é? O que você quer para sua vida? Reflita um pouco antes de continuar a ler.

Se você encontrou a resposta, anote a seguir e, sempre que perder o foco, volte aqui para se lembrar de quem você é e quão importante são seus objetivos.

Amélia é que era mulher de verdade. Será?

QUEM NUNCA OUVIU ESTE CLÁSSICO DO SAMBA, *Ai que saudades da Amélia*, composto por Ataulfo Alves e Mario Lago em 1941?

Esse samba exaltava a Amélia como "mulher de verdade" e

foi inspirado na empregada doméstica da cantora Aracy de Almeida (1914-1988) que se chamava Amélia dos Santos Ferreira.

A Amélia personificada na música não reclamava de passar fome ao lado do seu amor, e até achava graça quando não tinha o que comer. "Amélia não tinha a menor vaidade. Amélia é que era mulher de verdade."

Hoje, as mulheres mudaram e as "Amélias" também. Como? Quando? Por quê?

Muitos historiadores afirmam que o papel da mulher começou a mudar a partir de seu ingresso no mercado de trabalho. Entretanto, esse ingresso foi praticamente uma imposição para sua própria subsistência e de suas famílias, principalmente as mais pobres. Esse movimento deu-se durante e logo após as Primeira e Segunda Guerras Mundiais (1914-1918 e 1939-1945, respectivamente). Até então, os homens eram os únicos provedores das necessidades familiares e as mulheres responsáveis por cuidar do lar e de seus filhos.

Com seus maridos nos campos de batalha, cabia às mulheres prover o sustento familiar. Muitas trabalhavam nas fábricas, assumindo postos exclusivos dos homens, ou administravam os negócios da família.

Ao final das guerras, as mulheres que tinham seus maridos de volta, muitos mutilados e incapazes de trabalhar, viam-se obrigadas a continuar no mercado de trabalho.

No Brasil, com a consolidação do sistema capitalista, algumas leis passaram a beneficiar as mulheres trabalhadoras. Por exemplo, a Constituição de 1934, em seu artigo 121, proibiu a diferença salarial, para um mesmo trabalho, entre homens e mulheres e assegurou o direito à licença-maternidade antes e depois do parto, sem prejuízo de salário ou de emprego.

Em relação aos costumes, nas décadas de 1930 e 1940 as mulheres tinham seus casamentos arrumados por seus pais e não rejeitavam as escolhas feitas pelos mais velhos quanto aos seus futuros maridos. O objetivo era fazer um "bom casamento" com os filhos de "boa família".

Já nas décadas de 1950 e 1960, as mulheres passaram a

aprovar ou não as escolhas de seus pais. Portanto, começaram a decidir com quem queriam conviver. Nessa época, houve uma abertura para a vida social, principalmente nos grandes centros, e as mulheres conquistaram o direito de frequentar universidades.

A partir da década de 1970, elevaram-se as separações, divórcios e novos casamentos.

Essas principais mudanças aconteceram graças à Revolução Feminista dos anos 60, quando a mulher deixou de ter apenas qualidades "passivas" dentro do convívio social e familiar e mostrou seu poder e capacidade. A mulher comandava agora sua própria vida.

É interessante notar que o papel da mulher sofre constantes mutações ao longo dos anos e com elas cresce um sentimento de culpa, talvez pela sua luta para conquistar espaço num mundo majoritariamente machista ao mesmo tempo em que tenta inutilmente conciliar essa luta com funções que antes eram exclusivas da mulher. Logo, as frustrações são inevitáveis, pois a mulher se culpa quando seu filho adoece e ela não está em casa, quando os pais ficam idosos e necessitam de cuidados, quando o casamento entra em crise etc.

Os anos 80 foram marcados pelas novas estruturas familiares. Foi nessa época que a Lei do Divórcio foi homologada e surgiram novos casamentos, filhos de casamentos anteriores e dos atuais, enfim, um novo convívio social que gerou uma crise na família tradicional.

Já na década de 1990 a mulher começou a se destacar em áreas até então exclusivamente masculinas, como a política e a economia, ganhando espaço relevante no mercado de trabalho, apesar de ainda continuarem existindo diferenças salariais.

Foi nessa época que a estrutura familiar sofreu nova transformação, com o surgimento de casais gays que adotavam filhos, mulheres com produção independente, inseminação artificial, doadores de sêmen etc. A figura do pai ausente passou a ser algo comum, seja pelas separações ou pelo excesso de trabalho. Cabia novo papel à mãe, o de educar praticamente sozinha seus filhos.

Com a evolução dos tempos, a mulher vai sendo sobrecarregada com a agregação de funções, afinal ela não perdeu papéis essenciais como ser mãe, educar os filhos, cuidar do marido. Na verdade, a mulher ganhou ainda mais obrigações. Duvida?

Hoje, além de ser mãe, boa esposa, profissional de sucesso, ela precisa se cuidar, ser magra, gostosa, ter boa aparência, ser simpática, admirada... Ufa! Com tantos atributos, só sendo uma "mulher maravilha".

A conquista da liberação sexual, no que diz respeito à beleza, é uma mera mudança de padrão. As mulheres modernas continuam aprisionadas num padrão de beleza que não condiz com a grande maioria da população. As mulheres se espelham nas internacionalmente conhecidas *top models* magérrimas, que não representam sequer 0,001% da população mundial. Percebeu como é insana tal comparação?

Não é à toa que o Brasil, por ter uma cultura de superexposição do corpo feminino, está entre os cinco países campeões de cirurgias plásticas. Esse é o caminho mais fácil, quando a mulher não consegue atingir o padrão de beleza com exercícios e dietas ou quando quer "corrigir" algo, o que apenas a cirurgia estética lhe proporciona.

A mulher precisa se sentir bem com seu próprio corpo, mas precisa cuidar melhor dele e não apenas recorrer à cirurgia plástica por ser o caminho mais curto para a beleza. Basta pensar que você precisa dele pelo resto de sua vida. Se você não cuidar bem do seu corpo hoje, com boa alimentação, exercícios físicos e outros cuidados, não serão cirurgias, *lasers* ou *peelings* que irão devolver um corpo maravilhoso que você maltratou a vida inteira.

E não é apenas seu corpo: sua saúde financeira também precisa de cuidados especiais. Afinal, se você não cuidar da sua saúde financeira, como terá meios de adquirir esses mimos que a medicina estética disponibiliza?

Por isso, adquirir conhecimento, acreditar em sua capacidade e colocar esse sentimento de culpa de lado são atitudes básicas de sobrevivência. Os tempos são outros. Colocar o controle financeiro nas mãos de outra pessoa, sem fazer qualquer questionamento ou tomar conhecimento do que está sendo feito, é mais arriscado do que você imagina. Não é à toa que muitos casamentos acabam por motivos financeiros.

O mundo já descobriu que as mulheres são ávidas consumidoras e desenvolvem diversas estratégias de marketing para incentivar ainda mais seu consumo. As solteiras são alvos mais fáceis ainda, porque a maioria pensa em viver apenas o hoje. Sair com os amigos, baladas, jantares e viagens são ótimos consumos, mas em excesso acabam com seu dinheiro e dos outros também. Seja do banco, dos pais e de qualquer terceiro que possa ajudá-la. Agir assim, sem pensar um pouco no futuro, pode deixá-la dependente do cartão de crédito, do cheque especial e dos empréstimos.

Pense no que está fazendo com o seu dinheiro e se o está usando de maneira inteligente. É muito comum o consumo baseado nas expectativas de outras pessoas e não em suas próprias convicções. Apesar de parecer contraditório, a opinião de algumas pessoas pode influenciar no que, de fato, você quer para si mesma. É a aceitação do outro que atrapalha a aceitação de nós mesmas.

Pondere seus gastos com suas necessidades básicas, como casa, alimentação, vestuário, saúde e cultura, e se permita pequenos luxos. Isso é o que faz a vida ficar melhor, seja o barzinho com as amigas, suas viagens, seu esporte, revistas etc.

Portanto, a vida social deve existir e você deve, sim, manter pequenos luxos, desde que não comprometam seu orçamento e que a façam feliz. Não seja escrava do dinheiro, tampouco das expectativas alheias. O dinheiro deve ser acumulado para lhe trazer mais segurança, felicidade e conforto. Para tanto, você não precisa deixar de viver o hoje pensando apenas no futuro ou vice-versa. Ponderação é fundamental!

As mulheres já conseguiram tanto ao longo dos anos que conquistar sua felicidade financeira será o passaporte para uma qualidade de vida melhor, para fazer suas próprias escolhas e se dedicar a algo por vocação e paixão, não mais por obrigação. Essa será nossa nova revolução!

"A história da mulher é linda. Agora precisamos revolucionar a nossa matemática."

Consumo, logo, existo!

AS MULHERES TÊM UMA RELAÇÃO MUITO MAIS imediatista com o dinheiro do que os homens, ou seja, muito mais emocional do que racional.

Talvez você já tenha ouvido alguma amiga contar que foi ao

shopping fazer compras porque estava deprimida ou talvez você mesma já tenha feito isso. É muito comum tentar resolver uma crise emocional com roupas novas, sapatos, restaurantes etc. Então vem a parte ruim. Chegar em casa e se deparar com tudo aquilo que você comprou e que não resolveu sua crise emocional, agravando o problema com um peso na consciência e também no seu bolso.

As mulheres adoram comprar. É algo natural, principalmente quando passamos a ter acesso a diversos meios de pagamentos que realizam todas as nossas vontades (ou boa parte delas), muitas além do nosso real poder de compra.

E como conseguimos isso? Você já parou para pensar no seu poder de consumo? Nos limites, empréstimos e facilidades de obtenção de crédito que os bancos, lojas, cartões e financeiras colocam à sua disposição?

Que tal fazer um exercício rápido e descobrir qual é o seu poder de consumo? Pegue sua bolsa, abra sua carteira e relacione no quadro a seguir apenas o poder de compra que essas instituições lhe dão, todos os limites concedidos em qualquer tipo de conta ou cartão.

Créditos	**Valor do limite**
Cheque especial	
Empréstimo pessoal pré-aprovado	
Cartão de crédito 1	
Cartão de crédito 2	
Cartão de crédito 3	
Cartão de crédito 4	
Cartão de supermercado	
Cartão de loja de vestuário	
Total do seu poder de compra	
Rendimento mensal	
Saldo	

Some-os e encontrará o seu **poder de compra.**

A seguir, indique o total dos seus ganhos no mês, ou seja, seu rendimento mensal. Este é o seu **poder de pagamento**. Depois, subtraia o seu poder de compra do seu poder de pagamento e verá o saldo que se torna uma grande armadilha para muitas pessoas.

Associando todos esses meios de pagamento disponíveis aos apelos de marketing que nos bombardeiam diariamente, seja pela televisão, rádio, internet, correio, jornal etc, fica quase impossível não ceder à tentação.

Portanto, utilizar os recursos (seu poder de compra) de maneira inteligente é o que irá ajudá-la a não cair nessa armadilha.

Lembre-se de que esse poder de compra, na verdade, não é seu. É um poder de compra com capital de terceiros, que cobram juros pelo seu uso. Você sabia que há bancos que aumentam a taxa de juros à medida que seus clientes vão entrando ainda mais no cheque especial? Isso nada mais é do que o risco. Quanto mais dinheiro emprestado, maior é o risco de perdê-lo, portanto, maior é o juro.

Muitas pessoas assumem o limite do cheque especial como o próprio rendimento mensal. É um grande erro e muito comum. Utilizando o limite do seu cheque especial, são cobrados juros mensais altíssimos. Se, no próximo mês, você não tiver o suficiente para cobrir todo o limite utilizado, os juros cobrados e ainda suas despesas normais, você entrará novamente no cheque especial. É uma bola de neve!

E quando isso foge ao controle, muitos recorrem a empréstimos bancários, empréstimos com financeiras que geralmente têm juros mais altos que os do banco onde se tem conta e, em último caso, podem recorrer até aos agiotas, demonstrando um total descontrole financeiro.

Consumir e fazer dívidas faz parte da nossa vida. O que precisamos descobrir é quando essas dívidas são boas e quando não são.

Basicamente, as dívidas que contribuem para aumentar seu

patrimônio ou sua renda são as consideradas **dívidas boas**, ou seja, a compra de um imóvel na planta, um curso de especialização (pós-graduação, MBA etc), investir em negócio próprio.

Ao assumir uma dívida dessas, foque em seu objetivo. Se a divida é para o curso de especialização, tenha certeza de que não é um capricho. Esse curso deve ser necessário para garantir um retorno financeiro futuro.

A compra de um imóvel também deve ser muito bem avaliada. Custo, oportunidade, valorização do imóvel e da localização nos casos de compra na planta. Comprar um imóvel na planta, apesar de demorar um pouco até usufruir o bem, pode ser uma oportunidade financeira. Muitos imóveis têm valorização relevante entre a venda na planta e quando estão prontos para morar. O tempo é um aliado nesse caso.

Investir em negócio próprio é buscar um retorno financeiro no curto, médio ou longo prazo. Segundo o SEBRAE-SP, uma pequena cafeteria custa em média R$ 77 mil, e esse retorno demora cerca de dois anos. Financiar uma parte do negócio é uma dívida boa, afinal você precisará de um capital de giro durante o primeiro ano das atividades, seja para manter o giro da empresa ou suas despesas pessoais.

Em relação às **dívidas ruins** podemos citar o financiamento de um veículo de alto valor por longo período, pagamento parcial da fatura do cartão de crédito, crediário em lojas de departamento, empréstimo para pagar outros empréstimos etc.

Com o crédito fácil, a tentação de comprar um belo carrão é grande. Além de comprometer seu estilo de vida, esse carro sofrerá desvalorização, e durante certo período você irá arcar com a prestação e com a manutenção do veículo. É nesse momento que muitos passam da alegria para o arrependimento.

O crediário em lojas de departamento aparentemente é um facilitador para adquirir aparelhos eletrônicos e móveis, por exemplo. Entretanto, os juros praticados são elevados. Comprar à vista é sempre o melhor negócio, mas caso necessite de um parcelamento, o cartão de crédito com parcelamento sem juros pode ser um melhor negócio. Avalie se realmente necessita desse bem tão urgentemente a ponto de comprometer sua renda.

Em relação aos empréstimos para pagamento de outros empréstimos, é sinal de descontrole financeiro. Como já foi dito, limites do cheque especial e do cartão de crédito não significam renda extra.

Se você costuma comprar mesmo sem ter dinheiro, precisa refletir sobre esses reais motivos. Talvez esteja sustentando um estilo de vida que não combina com sua conta-corrente, por problemas emocionais ou por autoafirmação.

Há casos extremos em que um tratamento psicológico é realmente necessário e trará muitos benefícios.

Veja alguns tipos de endividados:

Endividado controlado: há um descontrole financeiro pontual, seja por motivo de saúde, desemprego, separação etc. Tão logo a situação se normalize, suas contas também são reorganizadas.

Endividado impulsivo: faz compras constantemente e está sempre no vermelho. Cede facilmente aos apelos de marketing. Necessita de uma mudança drástica nos hábitos de consumo para retomar seu controle financeiro.

Endividado compulsivo: contrai uma dívida para pagar a outra, transformando-as numa bola de neve para manter sua compulsão por compras. É o equivalente a um falido.

Se você se encaixou em algum desses tipos, há esperança. Basta que você realmente queira mudar sua vida e voltar a ter o controle da situação.

Mesmo endividada, você pode garantir uma pequena reserva, que será destinada à sua conta e que vamos chamar de "felicidade financeira". Mas antes de decidirmos como isso será feito, precisamos descobrir como está sua situação atual e se há algum "ralo financeiro". O "ralo financeiro" precisa ser identificado e fechado. É ele que impede o acúmulo de renda e o investimento.

Controlar suas finanças não quer dizer que a partir de hoje você será mesquinha ou levará uma vida de privações. Tudo dependerá da sua situação e de como pretende resolvê-la.

Se a situação financeira for péssima e você quiser resolvê-la em pouco tempo, é fato que precisará abrir mão de muitas coisas. É uma mudança radical que requer muita disciplina e persistência. Entretanto, a probabilidade de essa decisão ser abandonada no meio do caminho é grande, principalmente se você está acostumada a certos prazeres que não poderá usufruir durante algum tempo.

Recomendo, nesse momento, a ponderação. Mesmo que leve mais tempo, você terá uma qualidade de vida melhor e que a incentivará a continuar na busca de sua felicidade financeira.

Todos nós precisamos gastar uma parte de nosso dinheiro com algo que nos dê prazer, nos faça feliz. Isso é extremamente recomendável, é o que nos incentiva a continuar, sentir que estamos vivendo.

Por exemplo: você adora um barzinho com os amigos ou ir à academia. Esse é um prazer que você precisa considerar, mas de maneira comedida, principalmente se sua situação financeira não for das melhores.

Portanto, avalie se você não está determinando como necessidade de lazer "tudo ao mesmo tempo agora", como diz um grande amigo. Isto é, o barzinho com os amigos, a academia, o cinema, as viagens, as baladas etc. Coloque isso tudo no papel e verá quanto gastou no final do mês. O que irá balizar o seu limite de gastos com lazer é o saldo positivo ou negativo no final do mês, calculado pela planilha a seguir.

Você está pronta para dominar e reverter sua situação financeira a seu favor? Então, vamos descobrir como estão suas finanças. O objetivo é preencher suas receitas e despesas do mês atual até o final do ano ou nos próximos onze meses. Quanto maior o prazo, melhor a visualização do cenário financeiro.

Antes que você se assuste ou caso não saiba como fazer essa planilha, poderá obtê-la enviando um e-mail para cris_lazotti@hotmail.com

CONTROLE DE FINANÇAS PESSOAIS

RENDA	JAN	FEV	MAR...
Salário / Pró-Labore			
13º Salário			
Férias			
Participação nos Lucros			
Bônus			
Trabalhos Extras			
TOTAL DE RENDA			

HABITAÇÃO	JAN	FEV	MAR...
Aluguel			
Financiamento Imobiliário			
IPTU			
Condomínio			
Energia			
Água			
Gás			
Internet			
Empregada Doméstica			
Supermercado			
Telefone Fixo			
Telefone Celular			
TV por Assinatura			
Manutenção			
SUB-TOTAL 1			

Possibilidade de redução ou corte de serviços em tempos difíceis

TRANSPORTE	JAN	FEV	MAR...
Financiamento			
Combustível			
Seguro			
IPVA			
Licenciamento			
Estacionamento			
Manutenção/Revisão			
Multas			
Acessórios			
Táxi			
SUB-TOTAL 2			

Financiamentos de Automóvel e Imobiliário não devem ultrapassar 30% de sua renda

DESPESAS PESSOAIS	JAN	FEV	MAR...
Farmácia			
Assistência Médica			
Graduação / Cursos			
Impostos (IR, GPS Empreg)			
Médicos Particulares			
Cabeleireiros			
Roupas / Sapatos			
Cosméticos e Perfumes			
Massagem / Estética			
Presentes			
SUB-TOTAL 3			

Estes podem ser alguns dos "ralos" financeiros

INVESTIMENTOS	JAN	FEV	MAR...
Poupança			
Tesouro Direto			
CDB			
Fundos de Renda Fixa			
Fundos de Renda Variável			
Ações			
Previdência Pública/Privada			
TOTAL DE INVESTIMENTO			

Felicidade Financeira

LAZER	JAN	FEV	MAR...
Academia / Esportes			
Acessórios Esportivos			
Livros / Revistas			
Filmes / Cinema			
Teatros / Shows			
Baladas / Bares / Restaur.			
Eletrônicos			
SUB-TOTAL 4			

Tenha lazer, mas cuidado com os 'ralos' financeiros.

BANCOS	JAN	FEV	MAR...
Anuidades Cartão Crédito			
Manutenção Conta Corrente			
Tarifas financeiras			
Juros / Multas			
Empréstimo			
SUB-TOTAL 5			

Escolha pacotes e anuidades adequadas.

VIAGENS	JAN	FEV	MAR...
Hospedagem			
Passagem Aérea			
Pacote Turístico			
Aluguel carro			
Pedágios			
Refeições			
Passeios			
Compras			
SUB-TOTAL 6			

Considere as viagens nos finais de semana também.

SUA SITUAÇÃO FINANCEIRA	JAN	FEV	MAR...
TOTAL DA RENDA			
(-) PAGUE-SE PRIMEIRO!			
(-) SUB-TOTAL HABITAÇÃO			
(-) SUB-TOTAL TRANSP			
(-) SUB-TOTAL DESP PESS			
(-) SUB-TOTAL LAZER			
(-) SUB-TOTAL BANCOS			
(-) SUB-TOTAL VIAGENS			
SALDO DO MÊS			
(-) SAQUES EM DINHEIRO			
SALDO DO MÊS			

Baixando o arquivo, você só precisará alimentar a tabela com os valores de cada item e todos os cálculos serão feitos automaticamente.

Após colocar todas suas receitas, despesas e obter o saldo do mês, você poderá se deparar com um resultado superavitário (positivo) ou resultado deficitário (negativo).

Lembre-se de que, para obter resultado superavitário, você já deve ter considerado um percentual ou valor mínimo para o "Pague-se primeiro". Esse valor já deve ser destinado aos investimentos. No próximo capítulo você aprenderá onde e como investir.

Se você apurou um resultado negativo, não se desespere. Não há uma solução, mas duas! Uma delas é reduzir suas despesas e a outra é aumentar seus rendimentos. Se você conseguir fazer as duas coisas ao mesmo tempo, irá turbinar seus investimentos e chegará mais rapidamente ao seu objetivo. Que tal começarmos pelo aumento dos rendimentos?

Há diversas alternativas de ganhar mais dinheiro: buscar conhecimento e abrir um negócio, comissões sobre vendas, dividendos sobre ações, trocar um bem por outro de valor menor e investir a diferença, voltar a morar com seus pais, dividir o apartamento com um amigo, rendimento sobre investimentos, digitação de trabalhos, escrever um *bestseller* e muitas outras maneiras. É só ter criatividade, identificar uma oportunidade e seguir seu instinto com muita determinação e persistência.

Qualquer oportunidade lhe dará certo trabalho, e muitas delas podem demorar algum tempo até alcançar os lucros almejados, mas você precisa combinar boas escolhas com determinação.

O administrador Gustavo Cerbasi, que eu tanto admiro, é autor dos livros *Dinheiro – o segredo de quem tem* e *Casais inteligentes enriquecem juntos*. Aos 26 anos, Cerbasi era um professor de matemática que fez uma promessa a si mesmo. Em 15 anos alcançaria seu primeiro milhão. Sabe o que aconteceu? O seu carro foi roubado! Azar? Pode ser, mas ele soube transformar esse problema em oportunidade.

Cerbasi recebeu o seguro do carro e investiu todo o dinheiro em ações. Ao ver seu dinheiro se multiplicando, vendeu seu apartamento para investir ainda mais e voltou a morar com seus pais. Logo no começo do governo Lula o índice Bovespa "apenas" quadruplicou o seu patrimônio, e ele alcançou seu objetivo em 5 anos.

Não estou dizendo para você sair por aí vendendo tudo o que tem e aplicando na bolsa, os tempos são outros e a bolsa tem seus altos e baixos. Requer muito conhecimento e um plano a ser seguido. A bolsa não é cassino, e muitas pessoas perdem fortunas por acharem que é.

Você não precisa arriscar tanto. Até os investimentos são divididos em conservadores, moderados e arriscados.

Pense em tudo o que você sabe e pode fazer. Agora identifique pessoas ou focos interessados no seu trabalho. Por exemplo: tenho uma amiga jornalista que faz alguns *freelas*; outro amigo é fantástico em achar o que as pessoas precisam e ele ganha uma comissão nas transações; outra amiga digita trabalhos escolares. E conheço ainda uma outra pessoa que vê oportunidade em tudo para ganhar mais dinheiro.

Não espero que você seja uma fanática por dinheiro, mas que tenha os pés no chão e saiba que não será jovem a vida inteira. Um dia você poderá sonhar com uma vida mais pacata, com certo conforto, e isso exigirá uma reserva financeira. Por que não começar essa reserva agora? Quanto antes começar, mais fácil será.

Se você acha isso tudo muito difícil e cansativo, ainda há esperança. Você pode contar com a sorte recebendo uma herança inesperada, ganhando na loteria ou se casando com um milionário. Que tal?

Alcançar um bom nível financeiro para manter uma vida confortável não é fácil. Se fosse, a maioria da população optaria por não ser pobre. Entretanto, você tem a opção de melhorar de vida e se tornar rica. Por que não?

A grande diferença entre os pobres e os ricos é que uns trabalham pelo dinheiro e os outros colocam o dinheiro para trabalhar por eles. E como colocar o dinheiro para trabalhar para você? Em primeiro lugar, acumulando renda periodicamente. Afinal, como o dinheiro irá para trabalhar para você se ele não existe?

Este é o objetivo do "Pague-se primeiro": acumular renda suficiente para que futuramente os lucros de seus investimentos sejam sua renda. Isso nada mais é do que o dinheiro trabalhando para você.

Separe de 5% a 10% dos seus ganhos todos os meses. Se conseguir aumentar o percentual, melhor ainda, mas o importante é ter regularidade em seus investimentos. Não adianta separar um valor muito alto em um mês, ficando vários outros sem investir. Trace uma meta e persiga-a.

"E como ficam as contas?", você pode me perguntar. Chegamos ao momento de avaliar se todas as suas despesas são realmente necessárias e compatíveis com seu padrão financeiro. Antes de iniciarmos, esclareço o porquê de se pagar primeiro. É muito mais fácil você arrumar um meio de ganhar mais dinheiro ou pensar em outra alternativa para pagar suas contas do que ter todo esse trabalho para poupar algum para si mesmo.

Muitas mulheres dizem que não investem porque não têm dinheiro, o que é uma grande mentira. Se você tem dinheiro para gastar, então tem dinheiro para investir. Excetuando problemas de saúde em família, acidente, perda de emprego ou algo parecido, significa que você está gastando demais.

Pegue a planilha que você preencheu e onde apurou o resultado mês a mês. Agora iremos identificar possibilidades de redução.

Observe que você não precisa levar uma vida de privações, afinal a despesa com algo que te faça bem e a deixe feliz é extremamente recomendável, desde que essa despesa não seja de valor relevante.

O que vai determinar o seu limite de despesas é o saldo positivo ou negativo no final do mês calculado pela planilha e principalmente sua determinação e disciplina em buscar sua felicidade financeira.

Planilha na mão, números atualizados, a pergunta para cada

item é: "Esta despesa pode ser reduzida ou cortada durante alguns meses?".

Despesas: HABITAÇÃO

Há algumas despesas que não temos como reduzir rapidamente. São as contratadas ou despesas de necessidades básicas como o aluguel, financiamento habitacional, água, luz, gás. Já no caso de empregada doméstica, supermercado, telefone fixo, telefone celular e TV por assinatura há essa possibilidade.

Se sua empregada é uma diarista que vai duas vezes por semana, você pode negociar uma vez por semana ou a cada quinzena, tudo dependerá de sua organização.

No caso de telefone fixo, pegue sua conta telefônica e veja quanto está gastando por mês. Se você paga pouco além da assinatura, é bem provável que seu telefone não tenha muita utilidade. Você mantém um número fixo por uma comodidade desnecessária. Pense na possibilidade de cancelar essa linha. Caso seja de grande utilidade, analise os planos disponíveis e controle o uso.

O mesmo vale para o telefone celular. Caso você queira optar por um tipo de telefone ou outro, analise suas contas e veja para quais números você mais liga. Se faz mais ligações para números fixos ou celulares, se as ligações podem ser feitas de dentro de casa ou fora de casa. São diversas variáveis que devem ser consideradas.

Em alguns casos, você pode manter uma linha fixa com plano econômico e um celular pré-pago. Lembre-se de que há poucos anos esse acessório "imprescindível" sequer existia e as pessoas se comunicavam mesmo assim.

A TV por assinatura é uma comodidade, um lazer até. Entretanto, se sua situação financeira é crítica, esse item deve ser cortado ou suspenso até que você se restabeleça. Outra opção é a redução do pacote e até a troca por outra empresa com valores mais acessíveis.

Sempre que precisar reduzir ou cortar despesas, a melhor saída é a negociação. Negocie sempre! Seu dinheiro tem valor e as empresas o querem; portanto, você tem o poder de decisão. Quem tem poder, negocia melhor.

Despesas: TRANSPORTE

Controle seus gastos com combustíveis. Trocar alguns estacionamentos por zona azul, se seu carro é segurado, também pode ser um bom negócio.

Se você possui um carro financiado e também um imóvel nessa situação, avalie se esses dois bens juntos não ultrapassam 30% de sua renda. Essa é uma fatia máxima de comprometimento financeiro.

Muitas pessoas ostentam bens que pesam no orçamento e estão além da sua situação econômica. A longo prazo, o cenário se agrava e a possibilidade de perder algum bem aumenta ou é preciso optar por um em detrimento do outro.

Claro que é ótimo ter uma casa bacana e um carro zero, mas se sua conta está no vermelho, está cometendo um grande erro.

Sua tranquilidade financeira deve vir em primeiro lugar. De que adianta ter tudo isso e não dormir, pensando em como manter esse patrimônio?

Despesas: PESSOAIS

As mulheres adoram se cuidar, mas o exagero compromete não apenas o visual como o bolso também.

Separe um valor fixo para suas despesas com cabeleireiros, manicures, massagens e depilação. Quem está com o orçamento justo deve segurar ao máximo estes gastos e cuidar apenas da "manutenção". Nada de usar aquela nova tecnologia para alisar os cabelos, alongá-los do dia para a noite ou fazer os novos tratamentos estéticos anticelulite.

O momento é de contenção e não de gastos.

Despesas com graduação, pós-graduação, cursos de extensão e mestrados, entre outras, são na verdade investimentos. Você está se preparando para transformar o conhecimento adquirido em renda futura. Lembre-se de que os valores de alguns desses cursos podem ser utilizados na declaração de imposto de renda, na modalidade completa, para abatimento do imposto de renda devido. Portanto, guarde seus comprovantes de pagamento.

Em relação aos médicos particulares, se você possui assistência médica com direito a reembolso, utilize-o. Não importa que o valor seja menor, é sempre um reembolso. Exija o recibo com o CNPJ/CPF do estabelecimento/médico. Este documento servirá ainda para sua declaração anual de pessoa física, no abatimento do imposto de renda devido.

E, finalmente, sobre os itens de roupas/sapatos e presentes. Roupas e sapatos são sempre bem-vindos, mas se a situação não é das melhores, agradeça a vendedora pela atenção e saia da loja sem abrir a bolsa. Garanto que você se sentirá muito melhor ao chegar em casa e ver que há outras opções no seu guarda-roupa. Aqueles sapatos de salto alto maravilhosos podem esperar.

Presentear também é uma alegria. É maravilhoso ver que você agradou alguém. Porém, se o preço para agradar esse alguém é desagradar o seu bolso, é melhor repensar essa compra. Há outras possibilidades que não envolvem investimentos financeiros ou envolvem investimentos menores. Se a amizade é verdadeira, outras comemorações virão.

Despesas: LAZER

Gastar dinheiro com lazer é algo obrigatório. Você trabalhou, aguentou aquele chefe chato, os clientes exigentes, bateu as metas ou chegou bem perto delas. O que importa é que uma etapa foi cumprida, com sol ou chuva. E você tem o direito de retirar uma parcela desse ganho para sua própria diversão, seja cinema, teatro, alugar um DVD, aquele show da sua banda preferida ou a academia onde encontra as amigas e sente prazer em cuidar do seu corpo.

Pode ser ainda aquele hobby que você tanto curte, a *happy hour* com os amigos e a baladinha que não pode faltar.

A questão aqui é determinar um valor para todos esses prazeres e não transformá-los em torturas no final do mês.

Este item de despesas é outro “ralo financeiro”, principalmente quando você passa o cartão de crédito aqui, um débito ali, um cheque acolá. Quando vê, gastou uma fortuna e nem percebeu.

Despesas: BANCOS

Entre os grandes credores das mulheres estão os bancos. Como adoramos gastar e muitas vezes passamos da conta, precisamos da ajuda de terceiros. E a quem recorremos? Ao nosso gerente do banco. O empréstimo sai fácil, diferente dos pagamentos que corroem parte dos seus ganhos.

Além dessa "ajuda", frequentemente são cobradas diversas tarifas como manutenção de conta, atualização de cadastro, tarifas de transferências de valores, anuidades de cartões de crédito, além dos juros do cheque especial (se utilizado) e daqueles outros produtos que você adquire apenas para dar uma ajuda ao seu gerente, mas com os quais só você sai perdendo.

Aqui vai uma dica muito importante: o gerente do seu banco não é seu amigo. E mesmo que fosse, antes disso ele é um empregado que precisa atingir metas. E é aí que você entra.

Você sabe qual é o valor da sua tarifa de manutenção de conta e o que esse pacote contempla? Analise os pacotes disponíveis e fique atenta à tarifa de atualização de cadastro, que pode ter um valor relevante, além de incidir a cada semestre em muitas instituições bancárias.

Analise os pacotes e suas tarifas e negocie com seu gerente, independentemente da sua situação financeira. E negocie mais ainda se você tem investimento lá. É um fator importante na hora da negociação, além das ofertas da concorrência.

Atenção: no capítulo de investimentos, haverá um "fique esperta" para esclarecer sobre alguns produtos que os gerentes insistem em empurrar e que na verdade trazem mais malefícios do que benefícios ao seu bolso.

Outra negociação possível é em relação às anuidades dos cartões de crédito. No capítulo "À procura da felicidade" há um item especial sobre esse produto "indispensável" às mulheres.

Despesas: VIAGENS

Apesar de ser considerado também um item de "lazer", separamos as despesas de viagens para facilitar a visualização quanto à distribuição do seu dinheiro.

Considere aqui aquela casa na praia que você aluga para recarregar as baterias nos finais de semana, restaurantes, compras e também as viagens esporádicas e de férias.

Para sua viagem anual de férias, recomenda-se um planejamento; afinal, quanto antes você definir para onde quer, mais valores atrativos poderá encontrar, sejam dos pacotes turísticos, hospedagens ou passagens. E o seu cartão de crédito pode te dar uma contribuição. Veja no capítulo "À procura da felicidade".

Saldo do Mês: SITUAÇÃO FINANCEIRA

Após considerar todas as despesas e incluir o valor do "pague-se primeiro", abata todos esses saldos do total de sua renda, conforme indicado na planilha.

Se apurar saldo positivo, abata ainda um valor fixo de saque em dinheiro para pequenas despesas como o café na padaria, a revista e alguma eventualidade como um conserto de pneu, por exemplo.

Esse saldo pode ser usado da seguinte forma:

1. Transportado para seus investimentos juntamente com o "pague-se primeiro".

2. Se no próximo mês a situação estiver ruim, esse saldo pode e deve ajudá-la nesse período.

3. Se nos próximos meses a situação estiver controlada, esse saldo pode ser utilizado para pagamento antecipado – de parcela de empréstimo, financiamento ou qualquer outra dívida – que resulte em redução de juros.

Esta última forma aumenta o poder do seu dinheiro. Em vez de você aplicá-lo e receber juros, você estará antecipando um pagamento que será atualizado a valor presente, ou seja, a parcela será menor do que a que você pagaria no vencimento normal.

Agora que sabemos qual é a sua situação financeira, vamos descobrir como otimizá-la e sair do vermelho.

À procura da felicidade

NESTE CAPÍTULO, VOCÊ ENCONTRARÁ ALGUMAS soluções para sua situação financeira e como utilizar com inteligência os produtos que estão em sua bolsa.

Antes você precisa tomar uma decisão e fazer um contrato

sem cláusula de rescisão consigo mesma, cujo objeto é sua **felicidade financeira**. Você aceita este contrato? Na pobreza, na riqueza, na saúde e na doença, até que a morte os separe?

O momento é de decisão, de palavras objetivas. É sempre melhor um "sim" ou um "não" do que um "talvez". O "talvez" é incômodo, indigesto. Significa que você quase fez algo, mas não conseguiu. Quase mudou de vida, mas desistiu; quase fez aquela viagem tão sonhada, mas não fez; quase defendeu com unhas e dentes o seu projeto de vida, mas continua exatamente onde estava.

Sou avessa à vida morna. E nisto eu concordo com o Luís Fernando Veríssimo em seu texto "O quase". Ele se questiona: "O que nos leva a escolher uma vida morna; ou melhor não me pergunto, contesto. A resposta eu sei de cor, está estampada na distância e frieza dos sorrisos, na frouxidão dos abraços, na indiferença dos 'bom dia', quase que sussurrados. Sobra covardia e falta coragem até pra ser feliz".

Assim como na música *Maria, Maria*, na vida também "é preciso ter força, é preciso ter raça, é preciso ter gana sempre". Só quem pensa assim "possui a estranha mania de ter fé na vida".

A graça da vida está em cair e levantar, em errar e aprender, em arriscar e alcançar. A falta de atitude é sinônimo de cinza. Coloque cores em sua vida! Entretanto, muitas mulheres gostam mesmo é de colecionar cartões de crédito em sua carteira, não é mesmo? Se você é uma delas, todo cuidado é pouco.

Se sua situação financeira não é das melhores, é hora de prestar atenção a algo muito importante: taxa de juros. Da mesma maneira que ela pode contribuir para sua felicidade financeira, também pode ser a grande vilã.

Anote quanto é a taxa de juros de cada um dos créditos que você tem disponíveis, mesmo que não os esteja utilizando.

crédito disponível	taxa de juros ao mês	taxa de juros ao ano
Cartão de crédito 1		
Cartão de crédito 2		
Cartão de loja		
Cartão de loja		
Cartão de supermercado		
Cheque especial		
Empréstimo pessoal CDC		
Empréstimo consignado		
Antecipação de IRPF		
Antecipação de 13º salário		

Agora você pode observar de maneira mais prática aquela velha recomendação que diz: em situações críticas, dê preferência aos pagamentos das contas com taxas de juros mais altas. Portanto, você verá que não compensa priorizar o pagamento, por exemplo, do seu cheque especial quando o cartão daquela loja de roupas ou eletrodomésticos que você não iria pagar nesse mês tem juros bem mais altos. Logo, em situações complicadas, pague sempre as dívidas com juros mais elevados. Você já deve saber que quanto mais créditos possuir, mais estará arriscando a sua saúde financeira, justamente pela falta de controle desses gastos.

Se você centralizar seus gastos de supermercado, roupas, eletrodomésticos e demais cartões de lojas específicas no seu cartão de credito, verá que, além de economizar com as famosas anuidades e juros por eventuais atrasos, terá o controle total num único lugar. O que pode causar um susto, e realmente é essa a intenção.

O limite de cheque especial também é outro crédito a ser pago e evitado a todo custo. Se você organizar suas contas, não será pega de surpresa e saberá que em determinado dia entrará no cheque especial. Esse é o momento de se antecipar e buscar outra solução para cobrir esse saldo.

A seguir, algumas soluções para ajudá-la a superar uma situação crítica e organizar sua vida financeira.

Solução: cartão de crédito

Quantos cartões de crédito uma pessoa precisa ter? Considere nesta pergunta todo e qualquer cartão de crédito, seja o do seu banco, de supermercados, lojas de departamento, postos de gasolina etc.

A resposta é simples: um. O grande problema de ter mais do que um cartão de crédito é você acreditar que "tem" aquele limite para gastar. E como os limites geralmente beiram ou até ultrapassam o que você ganha, você corre o sério risco de gastar o dobro de sua renda.

Portanto, tenha apenas um cartão. Se você viaja regularmente para o exterior, é interessante ter, no máximo, dois cartões, de bandeiras diferentes.

E aqui vai uma **dica interessante**: escolha aqueles cartões com **programas de milhagem**. Além de acumular pontos que podem ser revertidos em passagens aéreas, você ainda poderá transformar suas milhas em dinheiro se vendê-las para outra pessoa. Um dinheirinho a mais não faz mal a ninguém, não é?

Outra opção interessante é a do pagamento de contas no cartão de crédito. Este serviço pode ser tarifado ou não, depende do banco, entretanto sai mais barato pagar sua conta até o dia do vencimento no cartão de crédito do que usar o limite do cheque especial. Cartão de crédito: use-o a seu favor!

Todos nós sabemos que os juros dos cartões de crédito são dos maiores cobrados no mercado, mas se você souber usá-los com responsabilidade poderá ter grandes vantagens.

Além da comodidade de centralizar suas despesas e saber exatamente no que você está gastando o seu rico dinheirinho, o cartão de crédito pode lhe oferecer até 40 dias para o pagamento de suas compras.

Muitos cartões oferecem ainda diversos serviços como seguro de viagem, seguro de automóvel alugado, assistência em viagens, seguro-bagagem etc. Entretanto, leia aquelas letrinhas minúsculas no seu contrato. Geralmente os seguros ou assistência são cobertos apenas se o respectivo cartão de crédito foi utilizado para pagar a passagem, o hotel ou o carro alugado. E no caso do seguro-bagagem? Se você não declarou o que havia de valor às autoridades alfandegárias, pode ter uma surpresa.

Então, que vantagem Maria leva? Ao escolher um cartão de crédito, avalie suas necessidades. Se você usa pouco ou tem uma renda relativamente baixa, busque os cartões nacionais com isenção de anuidade. De que adianta ter um cartão internacional se você nunca viaja nem pretende fazer compras no exterior?

Ah! Viagens são com você? Então, adquira um cartão com programa de recompensas em que você possa converter sua pontuação em passagens aéreas, diárias em hotéis, locação de veículos, assinaturas de revistas, produtos de catálogos etc. Esse tipo de cartão tem cobrança de anuidade, mas a relação custo-benefício pode ser bem interessante se você viaja em suas férias todo ano, por exemplo. O cartão de crédito deve ser usado em seu benefício e não no do banco.

Portanto, evite o parcelamento de suas compras no cartão de crédito, mesmo que seja sem juros. Sabe como é: no próximo mês você nem lembrará mais dessa despesa e fará outra. Essa é uma das causas de se extrapolar o limite, que, se ultrapassado, implica ainda em outra cobrança.

Já as propagandas com pessoas felizes e belos atores incentivando o parcelamento da fatura com juros baixos só aparentam ser bons negócios na mídia mesmo. Conselho de consultora financeira: caia fora! Saques em cartão de crédito, então, nem pensar! A regrinha básica continua a mesma: cartão de crédito deve ser pago integralmente no dia do vencimento.

Solução: formas de captação de empréstimo

Quando sua única saída for recorrer a um empréstimo financeiro, você tem algumas operações a considerar: cheque especial para uma situação emergencial que será resolvida no mês seguinte, rolar a dívida do cartão de crédito (péssima solução), crédito direto ao consumidor, empréstimo pessoal no seu banco ou em uma financeira.

Analisando as informações* sobre os juros (ao mês) divulgadas no início de 2008, temos: crediário 5,93%, cheque especial 7,61%, cartão de crédito 10,34%, CDC banco 2,92%, empréstimo pessoal 5,21%, financeira 11,07%.

*Fonte: Anefac – Dezembro de 2007 (% ao mês)

Observe que há uma variação de 279,10% ao mês (e não ao ano) entre o juro mais baixo e o mais alto.

Por exemplo, se você precisar de R$ 3.000,00 e recorrer às alternativas do mercado, você poderá assumir, no prazo de um ano, 12 parcelas de R$ 299,95 (se optar pelo CDC banco) ou 12 parcelas de R$ 463,62 (se recorrer à financeira). Se optar pela financeira, irá rasgar R$ 1.964,09 em um ano! Isso sem contar o seguro prestamista embutido nas parcelas que algumas instituições forçam o consumidor a pagar.

Outra captação de empréstimo muito interessante é o empréstimo consignado em folha de pagamento que possui juros bem atrativos no mercado. Você informa qual o valor necessário e as parcelas são debitadas diretamente em sua folha de pagamento.

Há ainda a possibilidade de antecipação do Imposto de Renda de Pessoa Física e também do 13° salário. Esses recebimentos também podem ser negociados com seu banco, mas atente às taxas de juros.

Dica: se você tem um carro quitado e necessita de um empréstimo pessoal, coloque seu carro como garantia e os juros poderão cair quase pela metade. Lembre-se de que quanto menor a garantia de pagamento, maior é o risco; portanto, maior é o juro. Esta mesma dica também pode ser utilizada com relação a imóvel quitado.

Esta é a lei dos juros: quanto maior o risco de inadimplência, mais altos eles são. Quanto menor o risco, no caso de se apresentar um bem ou garantia de pagamento, menores eles são.

Uma dica similar já foi matéria de capa da revista *Quatro Rodas*, intitulada "Carnê carrão". O carrão em questão é um carrão mesmo, daqueles acima de R$ 80.000,00.

Imagine que o empresário deseja captar recursos no banco para o capital de giro de sua empresa. As taxas de juros para esta operação estavam entre 2% e 5% ao mês e o prazo de pagamento girava em torno de 6 a 24 meses. O que fazer? Aquele carrão quitado é vendido. O capital é aplicado na empresa e o empresário compra outro novinho com taxas bem menores (na faixa de 1% ao mês) e com prazo de até 60 meses.

Esse é o famoso carnê carrão, que realmente vale muito a pena. Ainda mais devido ao leasing, que se popularizou por apresentar taxas de juros mais baixas que as do CDC (Crédito Direto ao Consumidor) e ainda por ser isento de tributação (IOF), resultando assim em parcelas mais atrativas.

Solução: previdência social simplificada

Apesar de não ser fã do nosso sistema previdenciário, encontrei algo realmente interessante nele: o Plano Simplificado de Previdência Social. Trata-se de um plano de inclusão previdenciária que visa facilitar o acesso à Previdência Social mediante redução da alíquota de contribuição de 20% para 11% sobre um salário mínimo.

Podem aderir a este plano o segurado facultativo, o contribuinte individual e o sócio de microempresa com receita bruta anual até R$ 36.000,00.

Para se aposentar por idade aos 60 anos (para mulheres) e 65 anos (para homens) recebendo um salário mínimo, basta contribuir por, no mínimo, 15 anos consecutivos com alíquota de 11% sobre um salário mínimo. Isto representa hoje, aproximadamente, R$ 45,00 mensais. Mesmo sendo pouco, um salário mínimo garantido todo mês pode ajudar muitas pessoas quc hoje dependem exclusivamente da ajuda alheia.

As mulheres podem então, começar a contribuir aos 45 anos e os homens aos 50 anos, para completar exatos 15 anos para a aposentadoria por idade.

Vamos imaginar uma situação estática: R$ 45,00 x 180 meses = R$ 8.100,00 (total investido durante 15 anos). Se a expectativa de vida de uma mulher é de 78 anos, ela poderá receber um salário mínimo durante 28 anos, o que resultaria em R$ 151.200,00 em salários mínimos mensais.

Analisando que os mesmos R$ 45,00 poderiam ser aplicados numa poupança, ao final dos 15 anos a caderneta teria acumulado algo em torno de R$ 8.715,00. Pensando assim, até que o Plano Simplificado compensa, e muito!

Analise todas as possibilidades que o mercado oferece e faça a melhor combinação. Você só tem a ganhar!

Todas essas formas de captação devem ser realizadas para colocar a sua vida financeira no lugar e não como uma forma de aumentar seu poder de consumo desnecessário, fazendo ainda mais dívidas.

Solução: pequenos valores e mudanças de atitude

Outra dica importante diz respeito a pequenas economias a que você não dá atenção por falta de tempo, por burocracia ou simplesmente por achar que não compensa. Acredite: no final do ano acaba compensando, e muito! É o caso daquela fatura de cartão de crédito que você atrasou um ou dois dias; comparar os preços de produtos que você costuma comprar no supermercado e escolher entre as duas marcas favoritas qual é a mais barata; pedir a nota fiscal que dá algum crédito, recompensa ou desconto no estacionamento, entre outras.

Os valores podem ser pequenos e até irrelevantes, mas se considerados todos eles ao longo do ano, você pode acumular o valor daquela passagem tão sonhada para o Chile. Observe como isso é possível.

Se você se preocupa com o peso do seu corpo também deve se preocupar com o peso do seu bolso, porque as coisas estão relacionadas.

Por exemplo, imagine que você vá almoçar fora todos os dias e pague com cartão de crédito. Este dinheiro de plástico dá a falsa sensação de economia; afinal, você não está gastando seu dinheiro à vista e sim a prazo. A grande verdade é que pesquisas demonstram que pessoas que almoçam fora e fazem uso do cartão de crédito gastam cerca de 30% a mais do que se pagassem a conta com dinheiro.

Quando você vê o dinheiro saindo do seu bolso, a sensação é de pé no chão, realidade, o que não acontece com um dinheiro virtual que você não sabe bem ao certo quanto será no final do mês.

Além de gastar menos no pagamento com dinheiro, você irá comer menos e com melhor qualidade. Esse pequeno gesto fará bem não apenas ao seu bolso, mas ao seu corpo também.

É sabido que a maioria das mulheres gasta seu dinheiro de maneiras diferentes em determinadas fases da vida, mas em todas as fases a maioria das mulheres gasta tudo e até além do que ganham. É dessa corrida de ratos que você precisa sair o mais rápido possível.

Portanto, em determinadas situações comece a agir como os homens, porque a tendência é que as mulheres tenham que se manter sozinhas, afinal vivemos, em média, oito anos a mais do que os homens, isto sem contar que o número de divórcios aumentou em 52% nos últimos dez anos.

E em quais situações devemos agir como os homens?

1. Economizando de 10 a 15% de sua renda todo mês, seja pagando uma previdência privada, investindo em ações ou simplesmente colocando esse valor em uma poupança. Já é um começo! Depois você aprenderá como rentabilizar esse capital de maneira mais eficiente.

2. Negociando aumentos salariais, comissões e trabalhos. Sim! Não tenha vergonha de lutar pelo retorno do seu trabalho; afinal, se você não acredita que merece um retorno financeiro à altura do trabalho que entrega, não é o seu cliente ou patrão que se preocupará com isso.

3. Negocie as compras à vista. Peça desconto! Quem tem dinheiro à vista tem uma condição extremamente favorável a isso. Seja inteligente e use esse poder de compra.

Solução: estilo de vida

"O estilo pode acabar com você!". Esta frase foi usada em dois grandes filmes onde o "estilo" usado transformou os personagens em alvos fáceis para sua captura.

Em *Confidence, o golpe perfeito*, o Rei (Dustin Hoffman) conta que, ao receber sua parte em um golpe, comprou um terno branco impecável. Todos os homens e mulheres olhavam para ele admirando seu estilo. Até que foi o primeiro a ser baleado pela polícia, por ser um "alvo fácil".

Em *O gangster*, o personagem-título, interpretado por Denzel Washington, sempre aconselhou seus companheiros a nunca usar qualquer roupa extravagante. A lei era não chamar a atenção. Até que ele não resistiu a um pedido de sua mulher e foi a uma luta de boxe usando um casaco de pele. Esse pequeno erro foi sua derrocada.

Essa lição também pode ser trazida para nossa realidade. Ostentar o que você tem pode ser um erro fatal, colocando-a na mira de certas pessoas.

Uma maneira prática para descobrir se você se enquadra em alguns dos exemplos acima é verificar se sua conta-corrente é compatível com seu estilo de vida. Você consegue sustentar tudo o que tem sem pedir a ajuda do cheque especial, dos pais, do irmão ou do namorado?

Há ainda quem se comprometa ostentando carros caros, relógios importados, joias etc. Alguns objetos de desejo podem ser adquiridos para coleção, mas usá-los em lugares públicos pode ser um grande risco. Portanto, se não gosta de colecionar, por que comprá-los?

O seu estilo de vida não precisa chamar a atenção de outras pessoas, e aqui não se trata apenas do aspecto segurança, mas também do aspecto que chamo de "fomento financeiro", pelo qual você é sempre lembrado por certos amigos e familiares nas necessidades financeiras ou para pedir seus "brinquedos tecnológicos" emprestados.

Ser uma pessoa mais reservada, com estilo mais simples, pode tirá-la do alvo, além de não torná-la refém do próprio consumo.

E a questão vai além. Mesmo que seu estilo seja compatível

com seu extrato bancário, evite a famosa compra por impulso, típica das mulheres. Aquela blusinha, que combina com aquela calça jeans que você comprou na semana passada... Mas você se esquece de que existem outras 98 blusinhas no seu guarda-roupa, e algumas sequer foram usadas.

Antes de adquirir uma nova blusinha, sapato ou qualquer item que adoramos, faça uma limpeza no seu guarda-roupa e doe aquelas peças que você não usa mais. Assim, além de abrir espaço para o novo, você toma consciência de tudo o que possui, e isso, muitas vezes, é fato relevante para evitar a compra por impulso.

É fato que todas as mulheres querem se vestir bem, usar joias, perfumes, cuidar da pele, do corpo, dos cabelos, das unhas, do sorriso... Afe! Quanta coisa! Mas deve existir um ponto de equilíbrio entre o que você pode gastar, deve guardar e o que você realmente ganha.

Se gasta além do que ganha, não há o que guardar. Aí a conta negativa é inevitável. Encontre o seu equilíbrio e ganhará de bônus uma tranquilidade nunca antes sentida (sem contar a inveja das amigas!).

Solução: transforme prestação em investimento

Já ouvi muitas pessoas afirmarem que "a gente faz prestação porque só assim a gente consegue ter as coisas". Sinto dizer que é a mais pura... verdade!

O brasileiro faz dívida porque não tem cultura de guardar para comprar depois, tudo aqui é imediato. Compra imediata, carnê imediato e, para quem gasta além da conta, SPC imediato.

Por que digo que essa afirmação é a mais pura verdade? Troque a palavra "prestação" por "investimento" ou "poupança".

A diferença entre fazer prestação e fazer poupança não está apenas no período de aquisição do bem, em que um é imediato e o outro leva certo tempo, mas principalmente no valor real que você paga pelo seu imediatismo e o valor real que irá economizar pela sua paciência.

Investir esse dinheiro mensalmente para comprar o que você

quer à vista pode ser um ótimo negócio. Isso é ter poder de compra e quem tem poder consegue barganhar preços reduzidos.

Pensando assim, creio que paciência realmente vale ouro!

Solução: cerque-se de pessoas vencedoras

Adoro pessoas com objetivos na vida, que decidem arriscar, que acreditam que um sonho pode ser, sim, realizado. Sou uma dessas pessoas, e por isso sei que o caminho não é nada fácil. Chegar ao topo exige abrir mão de algumas coisas e se agarrar a outras com afinco: coragem, foco, iniciativa, determinação e resiliência.

Arriscar sair da zona de conforto é o primeiro passo rumo ao sucesso. E não pense que todos os dias serão de alegrias, pois não serão. Há altos e baixos, ganhos e perdas, mas você precisa vencer seus desafios; portanto, não desista.

Descubra uma maneira de eliminar o desapontamento e encontre uma forma de incentivo para seguir em frente.

Pesquisas afirmam que o tempo necessário para colher de fato os frutos de um empreendimento é de dez anos. Veja algumas carreiras de sucesso como Madonna, Bill Gates, Steve Jobs: nada aconteceu do dia para a noite. Persistência é a chave. E o melhor de tudo é que as grandes ideias surgem depois que já botamos o pé na estrada. É aí que ocorrem as transformações, as oportunidades, as inovações e os grandes sucessos.

Cerque-se de pessoas vencedoras, de pensamentos otimistas e empenhe-se. Esse é o segredo do sucesso. A vitória está perto apenas de quem quer vencer.

Show me the money!

ANTES DE INVESTIR SUA RENDA, CONHEÇA COMO funciona o mercado financeiro e onde você poderá atuar neste novo cenário.

De uma maneira simples, a grande maioria da população está

do lado de quem capta dinheiro (investidores com necessidades de recursos), seja para comprar um automóvel, um apartamento, abrir um negócio ou fazer uma viagem. Esses "investidores" não possuem economias suficientes para bancar seus objetivos, então uma maneira mais rápida de conseguir o que se quer é tomar dinheiro emprestado junto aos intermediários financeiros (bancos, instituições financeiras etc). E de onde vem o dinheiro que o banco te empresta? Dos poupadores.

A nomenclatura "poupador" e "investidor" causa certa estranheza, logo, cabe uma explicação:

Poupadores: são aquelas pessoas físicas ou jurídicas que têm excesso de dinheiro, ou seja, sua renda é maior do que seu consumo e investimento. Portanto, há superávit (saldo positivo)

Investidores: também são chamados de "tomadores", porque tomam dinheiro emprestado. Têm uma situação inversa aos poupadores. Portanto, há déficit (saldo negativo).

A figura a seguir demonstra como gira o mercado financeiro.

Esses três agentes são os responsáveis pelo crescimento do país e também por conciliar os interesses dos poupadores e dos investidores (tomadores).

O mercado financeiro está dividido entre mercado de renda fixa e mercado de renda variável e em ambos você poderá atuar. Vamos conhecer um pouco mais sobre cada um deles logo mais.

Você pode usar tais informações como um "guia de investimentos". Você encontrará qual a definição, classificação, forma de remuneração da aplicação e dicas para investir, entre outras explicações. Tudo dependerá do seu perfil e do que você traçará como estratégia para sua felicidade financeira.

O perfil do investidor está relacionado à sua tolerância ao risco, ou seja, quanto mais conservadora a aplicação, menor o risco de perder dinheiro e menor é o rendimento. Quanto mais agressiva a aplicação, maior é o risco de perder dinheiro e o rendimento pode ser até ilimitado.

Aquele velho ditado pode aparecer instantaneamente: "Quem não arrisca, não petisca". Concordo com ele, mas simpatizo muito com o "mais vale ser um conservador com dinheiro do que um especulador falido".

Antes de partirmos para os investimentos, vamos conhecer mais sobre a investidora que há em você. Responda as questões a seguir.

1.Por que quero acumular renda? Qual meu objetivo?

2. Em quanto tempo precisarei do dinheiro? Curto, médio ou longo prazo?

3. Qual é minha tolerância ao risco, ou seja, quanto eu me dou ao luxo de perder, caso algo saia errado? (em % ou valor)

Suas respostas são extremamente importantes nesta fase. Veja os motivos:

Objetivo: de acordo com o seu objetivo, você sabe quanto precisa poupar para alcançá-lo. Por exemplo: comprar uma casa, ter uma aposentadoria tranquila, fazer uma viagem etc.

Tempo: se você pretende fazer uma viagem no próximo ano, por exemplo, sabe que terá por volta de 12 meses para acumular sua renda. Nesse caso, alguns investimentos mais arriscados deixam de ser recomendados, como, por exemplo, ações.

Risco: não considerar essa informação é um erro comum e pode levar tudo a perder. Portanto, estabeleça quanto você estaria disposta a perder caso algo saísse errado. Recorrer aos santos e rezar não é uma boa estratégia. Você deve estar confortável ao ver, por exemplo, seu capital reduzir-se em 10%. Por isso, conhecer os riscos e taxas de cada investimento é crucial.

Com base nestas três informações, podemos encontrar o seu perfil:

1. CONSERVADORA: a investidora conservadora está de mãos dadas com a segurança, por isso opta por aplicações de baixo risco, mesmo que os rendimentos sejam menores. Seus objetivos podem ser de curto, médio ou longo prazo. Já a perda de capital é fato relevante, afinal seu capital é pequeno e/ou sua tolerância ao risco é praticamente zero.

Aplicações recomendadas: renda fixa (poupança, CDB, títulos públicos, fundos de investimentos em renda fixa).

Estratégia: com o objetivo de alavancar "um pouco" sua rentabilidade, você também pode manter de 80% a 90% de seu patrimônio em renda fixa e o restante em renda variável, desde que seu objetivo seja de médio a longo prazo. Assim, você continua com o foco na sua estratégia de segurança.

Importante: analise sempre o cenário econômico. Arriscar uma parte de seu patrimônio, mesmo que pequena, em renda variável a curto prazo, principalmente em tempos de crise econômica, é o mesmo que brincar com fogo.

2. MODERADA: a investidora moderada está com um pé na renda fixa e outro na renda variável. Apesar de levar em conta a segurança, ela também busca rendimentos acima da média. Para tanto, o médio risco é aceitável. Seus objetivos também podem ser de curto, médio ou longo prazo.

Aplicações recomendadas: todas de renda fixa e todas de renda variável, a serem escolhidas de acordo com o capital disponível.

Estratégia: a maior parte (55% a 70%) deve ser aplicada em investimentos de baixo risco (renda fixa) e a outra (45% a 30%) em investimentos de médio risco (renda variável). Considere sempre o cenário econômico para compor o percentual em renda fixa e o percentual em renda variável. Boa economia, reforce a renda variável. Crise econômica, reforce a renda fixa.

3. ARROJADA: a investidora arrojada, que também chamo de "destemida", busca sempre a melhor rentabilidade que a renda variável pode oferecer. Seus objetivos geralmente são de médio e longo prazo, e sua tolerância ao risco é alta.

Aplicações recomendadas: fundos de investimento de renda variável (multimercado, ações), dólar, ações e derivativos (mercado a termo, mercado de opções, mercado futuro).

Estratégia: a renda variável não protege o patrimônio e você pode se deparar com grandes perdas no meio do caminho. Portanto, mantenha sempre uma parcela do capital, mesmo que pequena, em renda fixa. Não especule em mercado de ações, dólar e derivativos, principalmente no que diz respeito aos índices. Prever cotação futura não é para qualquer um. Deixe isso para os profissionais, que por vezes também erram.

Fato relevante

Agora que você encontrou o seu perfil, vamos associá-lo a outro fator extremamente importante e que pode mudar todo o perfil que você traçou, mas que mesmo assim é um fator de relevante importância para essa sua nova fase: sua idade.

Sim, eu sei que muitas mulheres têm problemas em divulgar sua idade, mas não será esse o caso. É apenas uma nova precaução para que sua estratégia de felicidade financeira realmente seja um sucesso.

Veja o quadro a seguir:

CONSIDERE SUA IDADE

RECOMENDAÇÃO

( ) Até 25 anos: pode se aventurar em investimentos mais arriscados;

( ) Até 45 anos: seja mais moderada em seus investimentos;

( ) Acima de 45 anos: seja mais conservadora em seus investimentos.

Se você tem 28 anos, por exemplo, ainda há um bom tempo para você acumular capital, seja no mercado de trabalho ou no seu próprio negócio. Sendo assim, caso aconteça algum problema no meio do caminho, você terá tempo para levantar e recuperar a dinheiro perdido.

Já imaginou se uma mulher de 50 anos que acredita ter um perfil arrojado investe o dinheiro de toda uma vida em ações e logo em seguida depara-se com uma crise econômica? Isola! Tem madeira por aí?

Acredite, isso aconteceu! Com a bolsa de valores batendo recordes de rentabilidade ano a ano, em 2008 muitos pequenos investidores perderam mais de 50% de seu patrimônio e tantos outros perderam quase todo o patrimônio quando a crise econômica dos Estados Unidos refletiu em nosso país. Vamos tratar desse assunto mais à frente.

O objetivo de analisar a idade não é enquadrar a investidora num perfil ortodoxo, mas apenas demonstrar que essa questão deve ser considerada. Por exemplo: uma mulher de 48 anos, que aqui recomendo que seja conservadora em seus investimentos, de acordo com as três questões que levantamos anteriormente (objetivo, tempo e risco), pode perfeitamente traçar seu perfil como investidora moderada. Portanto, componha seu perfil levando em consideração sua idade, objetivo, tempo e risco.

A seguir, conheça os investimentos disponíveis no mercado. Em cada um deles você encontrará algumas estratégias. Entretanto, reforço que as estratégias indicadas neste livro não garantem o retorno do investimento, sendo, portanto, "caminhos" que você irá analisar e escolher para sua tomada de decisão. Afinal, há diversas forças que agem no mercado financeiro fazendo com que as taxas e rentabilidades oscilem de maneira incontrolável. Por exemplo: guerra, crise econômica, eleições, fusões de empresas, encontro de bacias de petróleo etc.

Antes de partir para os ativos disponíveis, fique sempre atenta à situação financeira do banco ou agente financeiro em que você irá investir ou já tem investimentos. Colocar dinheiro num barco furado é o mesmo que jogar dinheiro pela janela.

Você não precisa ser nenhuma analista financeira ou contadora para saber disso. Periodicamente, todos os jornais, televisões, emissoras de rádios e internet informam os lucros dos maiores bancos. Se o seu não está entre eles, recomenda-se cautela e análise do balanço patrimonial da instituição, o que requer certo grau de conhecimento.

Resumindo: o objetivo é saber se o seu banco, ao longo dos

anos, está numa linha superavitária, estável ou deficitária. Essa análise de tendência pode ser muito útil antes de você decidir onde irá “guardar” o seu rico dinheirinho.

Antes de ingressarmos no mercado dos investimentos, precisamos entender o que é a taxa de juros: é o combustível que faz o carro ir mais longe, é o fermento que faz o bolo crescer. Sendo assim, os juros nada mais são do que a remuneração sobre o capital investido.

Os juros podem ser conhecidos (quando são predeterminados ou prefixados) ou desconhecidos (quando utilizados em investimentos com renda variável, que podem capitalizar e até descapitalizar o seu patrimônio).

Para você entender melhor qual é a função dos juros compostos, observe o gráfico abaixo:

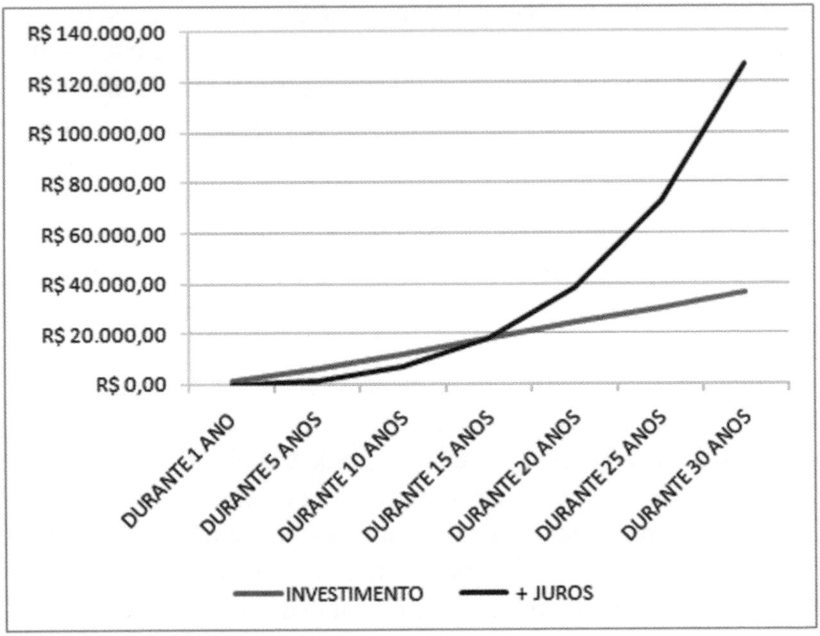

A linha de investimento corresponde a créditos mensais de R$ 100,00 durante 360 meses seguidos. Considerando que a aplicação renda 0,7% ao mês durante todo esse período, chega um determinando momento em que o volume de juros supera, e muito, o valor do capital principal, ou seja, o valor dos depósitos.

Essa é a mágica dos juros compostos com o passar do tempo!

Mercado de renda fixa

No mercado de renda fixa você sabe, antes de aplicar seus recursos, qual é a forma de rendimento e o prazo para resgate.

Principais ativos desse mercado:

- Títulos públicos.
- Titulos privados (CDB).
- Caderneta de poupança.
- Fundos de investimento de renda fixa.
- Fundos de investimento de renda variável (ações).

a) Títulos públicos

Os principais são os títulos públicos negociados pelo governo federal. São resgatados em data predeterminada por um valor específico e atualizados por indicadores de mercado.

Classificação

De baixo risco; é uma aplicação conservadora. A liquidez (transformação do ativo em dinheiro) é garantida pelo Tesouro Nacional.

Como adquirir?

Pessoas físicas só podem adquirir títulos públicos por meio de compra indireta. Para isso, precisam se cadastrar junto a algum dos agentes de custódia habilitados*. Após o cadastro, a pessoa receberá sua senha para negociar diretamente pela internet.

Não há taxa de manutenção para abrir conta nos agentes de custódia. A conta aberta poderá ser fechada se não houver nenhuma movimentação após seis meses de sua abertura (verifique esse prazo no contrato).

*Agentes de custódia: são os bancos ou corretoras de valores habilitadas no Tesouro Direto. A lista completa e atualizada está no site www.tesouro.fazenda.gov.br/tesouro_direto/instituicoes_index.asp

Esse mesmo agente também poderá ser utilizado para investimentos em renda variável, assim você poderá centralizar tudo numa só instituição. Antes de escolher onde abrirá sua conta, leia o próximo tópico, "Mercado de renda variável – Ações".

Quanto posso investir?

O valor mínimo de compra é de 20% de um título, o que equivale a aproximadamente R$ 100,00. Para confirmar esse valor, entre na relação de títulos disponíveis e calcule 20% sobre o título que melhor a atender.

Exemplo:

Título Público: NTNF010113
Vencimento: 1/1/2013 – Taxa: 12,55% a.a. – Valor: R$ 929,85
A compra mínima deste título corresponderia a R$ 185,97.

Quais os tipos de títulos públicos federais disponíveis?

LTN: Letras do Tesouro Nacional
LFT: Letras Financeiras do Tesouro
NTN-C: Notas do Tesouro Nacional – Série C
NTN-B: Nota do Tesouro Nacional – Série B
NTN-B Principal: Nota do Tesouro Nacional – Série B
NTN-F: Nota do Tesouro nacional – Série F

Quais as características dos títulos públicos federais?

TIPO	RENTABILIDADE	PAGAMENTO	*TAXA MÉDIA a.a.
LTN	Taxa Fixa	Principal + Juros nos vencimento	11,97%
LTF	Taxa Selic	Principal + Juros nos vencimento	SELIC
NTN-C	IGP-M + juros	Juros semestralmente e principal no vencimento	N/D
NTN-B	IPCA + juros	Juros semestralmente e principal no vencimento	7,55%
NTN-B Principal	IPCA + juros	Principal + Juros nos vencimento	7,48%
NTN-F	Taxa Prefixada + juros	Juros semestralmente e principal no vencimento	12,30%

* Média das taxas de títulos públicos federais disponíveis em 09.01.2009 às 14h44.

N/D: Não disponível nesta data.

Importante: avalie os títulos disponíveis e suas taxas na data em que desejar adquiri-los. Os títulos são atualizados diversas vezes ao dia e podem ocorrer inclusões e exclusões de papéis.

Onde posso visualizar e comprar os títulos?

No site: www.tesourodireto.fazenda.gov.br/tesouro_direto/

Lá você encontrará todas as informações para a compra e venda de títulos e poderá tirar todas as dúvidas sobre o assunto.

Como comprar os títulos?

Esta tela foi extraída do próprio site do Tesouro Nacional para auxiliá-la na compra.

Basta selecionar o tipo de título que você deseja (LTN, NTN etc) que a relação aparecerá para sua aquisição.

O ambiente é extremamente seguro. Você poderá receber informações de sua movimentação mensalmente por e-mail e/ou correio, além de visualizá-las pelo site sempre que desejar.

Bem vindo ao Tesouro Direto
As compras de títulos estão disponíveis.

A rentabilidade dos títulos corresponde à variação do indexador acrescida da taxa de juros, no caso de LTN a rentabilidade corresponde à taxa de juros.
A variação do IGP-M nos últimos doze meses foi de 3,60%.
A variação do IPCA nos últimos doze meses foi de 6,54%.
A taxa SELIC atual é 19,5% ao ano.

Tipo	Título	Data de Vencimento	Indexador	Taxa de Juros (% ao ano)
LFT	LFT 170107	17/01/2007	SELIC	0,02%
LTN	LTN 031005	03/10/2005	prefixado	17,26%
NTN-B	NTNB 150824	15/08/2024	IPCA	8,25%
NTN-B PRINC	NTNB Principal 150515	15/05/2015	IPCA	8,15%
NTN-F	NTNF 010108	01/01/2008	prefixado	15,34%

Para adquirir um dos títulos desta lista, escolha a opção "comprar" do menu.

Sou obrigada a ficar com o título até o seu vencimento?

Não. O Tesouro Nacional faz recompras de seus títulos todas as quartas-feiras a partir das 9h até as 5h do dia seguinte. Você pode, por exemplo, comprar um título neste mês e vendê-lo no mês seguinte, sem problemas. O valor ficará disponível em sua conta no agente de custódia.

Quais são as taxas e impostos desta aplicação?

Cobrança de 0,4% ao ano sobre o valor da compra de títulos pagos à CBLC (Câmara Brasileira de Liquidação e Custódia) pelos serviços de guarda dos títulos.

Além disso, fique atenta ao percentual cobrado pelo seu banco a título de taxa de administração. No caso de corretoras, há cobrança de uma taxa que varia de 0,3% a 0,5% ao ano.

Há incidência de imposto de renda de acordo com a Tabela Regressiva. Quanto mais tempo aplicado, menor o percentual de imposto. Caso haja resgate antes de 30 dias, há ainda incidência de IOF.

Dicas para investir

Em momentos de turbulências no mercado financeiro, os títulos públicos federais tornam-se uma ótima opção, além de ser aplicação conservadora e de baixo risco, já que a economia do país está estável e um eventual calote do governo está longe de ocorrer.

Você pode utilizar um percentual do seu capital para diversificar sua carteira de investimentos e escolher títulos de acordo com seu planejamento de curto, médio e longo prazo, conforme os vencimentos dos títulos.

b) Títulos privados - CDB

CDB significa Certificado de Depósito Bancário e é um tipo de título privado emitido pelos bancos.

O CDB representa uma obrigação de pagamento futuro (principal + juros), remunerando assim o capital investido em uma instituição financeira.

Classificação

De baixo risco, é uma aplicação conservadora, desde que você fique atenta à possível quebra do banco onde o adquiriu. Portanto, invista em CDBs de bancos sólidos. Não custa nada se precaver.

Como adquirir?

Você pode aplicar em CDBs do banco onde você tem conta até via internet.

Quanto posso investir?

No caso do CDB, verifique junto ao seu banco o valor mínimo que pode ser investido. Há diversos tipos de CDB e cada um deles está atrelado a um determinado período e a um valor mínimo de investimento.

Geralmente o investimento mínimo em CDB é de R$ 1.000,00, por no mínimo 30 dias.

Se você quiser aplicar valor superior a R$ 60.000,00, cogite a possibilidade de dividir este investimento entre 2 ou mais bancos sólidos, afinal este é o teto garantido pelo FGC (Fundo Garantidor de Crédito).*

*FGC: é uma entidade privada, sem fins lucrativos, que administra uma proteção aos correntistas, poupadores e investidores no caso de falência da instituição financeira.

Esse teto de R$ 60.000,00 contempla os depósitos em caderneta de poupança, CDB, RDB (Recibo de Depósito Bancário), depósitos à vista, letras de câmbio, letras imobiliárias e letras hipotecárias.

Quais as formas de rentabilidade do CDB?

O CDB pode ser pós ou prefixado. No caso de CDB prefixado, você já sabe quanto irá render a aplicação ao final do período.

O CDB pós-fixado é remunerado por um percentual do CDI* definido no momento da compra, além de ser atrelado a algum índice de preços. Geralmente, ao IGP-M.

*CDI: Certificado de Depósito Interbancário. É a taxa paga entre instituições financeiras para captação de recursos de curtíssimo prazo. Sinaliza para os investidores o custo do dinheiro no mercado.

Quais são as taxas e impostos desta aplicação?

Há incidência de imposto de renda, calculado conforme sua Tabela Regressiva em função do prazo de permanência na aplicação e que é de no mínimo **15% sobre os rendimentos**. O imposto de renda é retido na fonte no momento do resgate.

Posso resgatar a qualquer tempo?

Pode, mas caso o resgate seja feito antes de 30 dias, haverá incidência de imposto de renda e IOF sobre a remuneração, proporcional aos dias aplicados. O resgate no vencimento é automático.

Dicas para investir

Se há tendência de alta na taxa SELIC, recomenda-se o investimento em CDB pós-fixado; afinal, com o passar o tempo, o rendimento tende a ser maior do que no CDB prefixado. O inverso também é verdadeiro, ou seja, se há tendência de queda na taxa SELIC, o investimento em CDB prefixado torna-se mais atraente do que o pós-fixado.

Em tempos de crédito escasso na economia, os bancos podem pagar juros mais altos com objetivo de atrair investidores para seus papéis, o que pode ser uma boa oportunidade.

Atenção: certifique-se de que os títulos privados são de um banco sólido. Quando a esmola é demais, o santo desconfia.

c) Caderneta de poupança

É o investimento mais popular e a "porta de entrada" dos investimentos.

Classificação

Baixíssimo risco. É uma aplicação segura.

Como adquirir?

Você pode aplicar depositando diretamente na sua conta poupança, através do seu banco, via telefone, caixas eletrônicos, pessoalmente e até via internet.

Quanto posso investir?

Este investimento é o que aceita os valores mais baixos justamente por ser um investimento popular. Muitos bancos exigem como investimento mínimo R$ 50,00, mas ainda há bancos com valores menores. Consulte o seu.

Quais as formas de rentabilidade da poupança?

A remuneração da poupança, atualmente, gira em torno de 0,6% ao mês, acrescida de correção pela TR (Taxa Referencial).

Quais são as taxas e impostos desta aplicação?

Não há.

Posso resgatar a qualquer tempo?

O resgate deve ocorrer após o aniversário mensal da conta. O resgate com apenas um dia de antecedência incorre na perda dos juros e da correção.

Dicas para investir

A poupança é interessante para ajudar na formação um capital atrativo visando investimentos com juros maiores e ainda como aplicação de uma parte do capital nos casos de perfis de investidores conservadores.

Pode ser um investimento estratégico em períodos de alta volatilidade do mercado de renda variável.

d) Fundos de investimento

Os fundos de investimento cresceram muito nos últimos anos. São recursos alocados sob a forma de condomínio, ou seja, capital de diversos investidores formando os fundos que são administrados por suas instituições financeiras.

Os fundos podem reunir capitais de pessoas físicas e jurídicas, fundos de pensão e outros investidores, diversificando os investimentos com o objetivo de aumentar o patrimônio dos investidores.

Classificação

Os fundos de investimento podem ser de risco baixo, médio, alto ou altíssimo, dependendo de sua composição.

Os fundos de investimento podem ser de renda fixa ou renda variável, ambos regulados pela CVM (Comissão de Valores Mobiliários).

A seguir, sua classificação:

Fundos de curto prazo: aplicação em títulos públicos ou privados, pré-fixados ou indexados a alguma taxa de juros ou a índices de preços. Prazo médio da carteira inferior a 60 dias.

Fundos referenciados: 95% da carteira em ativos que acompanhem a variação do indicador de desempenho escolhido em sua denominação, tendo no mínimo 80% do seu patrimônio líquido em títulos do Tesouro Nacional e/ou títulos de renda fixa de categoria de baixo risco.

Fundos de renda fixa: ativos de renda fixa, com no mínimo 80% do patrimônio em títulos públicos federais ou ativos de baixo risco de crédito.

Fundos de ações: no mínimo 67% do patrimônio em ações.

Fundos cambiais: no mínimo 80% do patrimônio em ativos relacionados diretamente à moeda estrangeira ou à variação do cupom cambial.

Fundos multimercados: políticas de investimentos que envolvem vários fatores de risco, sem concentração em algum ativo especial.

Como adquirir?

Para aplicar em fundos de investimento, você deve verificar em seu banco o valor da cota do dia ou do dia seguinte, afinal, é da composição desses fundos que resulta sua cotação diária. Ao aplicar em fundos, o investidor está, na verdade, adquirindo cotas.

Quanto posso investir?

O valor mínimo é o estipulado na cota do fundo de investimento. Verifique junto ao seu banco.

Quais as formas de rentabilidade dos fundos de investimento?

Os ganhos ou perdas de um fundo de investimento são o resultado da valorização ou desvalorização dos ativos que compõem a carteira desse fundo.

Quais são as taxas e impostos desta aplicação?

Há taxas de administração que podem variar de 0,5% a 5%. Além disso, há alguns fundos que cobram *taxa de performance* sobre um percentual mínimo de rentabilidade.

Há incidência de imposto de renda; porém, quanto maior o tempo na aplicação, menor é a alíquota. Veja a tabela abaixo:

	Alíquota	Prazo de Permanência
LONGO PRAZO	22,5%	até 180 dias
	20,0%	entre 181 e 360 dias
	17,5%	entre 361 a 720 dias
	15,0%	acima de 720 dias

	Alíquota	Prazo de Permanência
MÉDIO	22,5%	até 180 dias
	20,0%	acima 181 dias

	Alíquota	Prazo de Permanência
CURTO	15,0%	em qualquer prazo

Posso resgatar a qualquer tempo?

Em geral, sim. Os fundos têm alta liquidez e permitem que o investidor retire o dinheiro a qualquer momento, calculado pela cotação do dia.

Dicas para investir

É um investimento interessante para quem não tem conhecimento sobre renda variável a ponto de aplicar sozinho o seu dinheiro. Por meio de um fundo, o investidor, mesmo com capital pequeno, conta com poder do capital total do fundo no momento de operar no mercado de capitais.

Os fundos podem ser muito vantajosos, mas alguns cuidados precisam ser tomados:

- Compare os fundos de uma mesma categoria para verificar a taxa de administração. Geralmente, quanto maior o valor da aplicação mínima, menor é a taxa cobrada.

- Verifique se há taxa de performance, que é uma remuneração extra vinculada a um percentual mínimo de rentabilidade do fundo.

- Alguns fundos definem valor para movimentações, aplicações e retiradas, e saldo mínimo residual.

- Analise sempre a composição do fundo e a solidez da instituição financeira.

- Leia atentamente o regulamento e guarde o termo assinado ao entrar em algum fundo de investimento.

Você conheceu um pouco sobre algumas opções de investimento do mercado de renda fixa e fundos de investimentos.

Os investimentos não se resumem apenas a esses. Há ainda os investimentos de renda variável, como ações, mercado de opções, mercado a termo e mercado futuro. Esse assunto será visto no capítulo "Turbinando seu dinheiro".

Devemos ter em mente que investimento é algo que deverá nos trazer um retorno financeiro e, por que não, emocional. Afinal, o dinheiro é apenas um meio para conseguir o que de fato queremos.

Acumular capital, acumular renda, é uma cultura. Necessita de um aprendizado. Ninguém vai mudar a vida de uma hora para a outra. Isso acontece aos poucos, trocando hábitos ruins por bons hábitos, traçando e alcançando objetivos é que vamos aprender como a segurança financeira nos dá tranquilidade, independência e liberdade. É por essas e outras que, para mim, a segurança financeira está no topo da pirâmide de necessidades das mulheres. E não está no topo por ser mais importante do que a família, a saúde ou o convívio social. Está no topo por ser algo difícil de ser alcançado, mas totalmente possível quando realmente desejado.

Separando as meninas das mulheres inteligentes

SABER DISTINGUIR SE UM INVESTIMENTO É BOM OU ruim não cabe ao seu gerente do banco. Isso é coisa de menina e não de uma mulher inteligente. A mulher inteligente ouve o que o gerente diz e, antes de fechar qualquer negócio, apura a verdade dos fatos.

Cuidar do dinheiro deve ser tão prazeroso quanto a relação das mulheres com sapatos. Você vai até sua loja preferida e pergunta para a vendedora: "Qual sapato combina mais comigo?" ou "Quero um sapato. Qual você me recomenda?". Em hipótese alguma uma mulher faria isso! Podemos baixar a loja e experimentar vinte pares de sapatos, mas somente sairemos de lá com aquele par que realmente gostamos, ou seja, a escolha é quase que totalmente nossa. Quer dizer, há um pequeno incentivo quando alguém de fora diz: "Nossa! Que lindo ficou em você!".

Enfim, se você é quem escolhe seu sapato, então seja inteligente e também escolha seu investimento. Afinal, se analisar com cuidado, o par de sapatos também é um investimento. É algo que irá valorizar suas pernas, sua autoestima, impressionar alguém e causar olhares. Então, procure um investimento que irá valorizar seu capital e não desvalorizar. Investimento que desvalorize o capital? Isso é possível? Pasme, mas é!

Sabe qual é o principal "investimento" que os gerentes de banco adoram nos empurrar? O famoso título de capitalização. Quando alguém lhe oferecer, mentalize como "título de descapitalização" e fuja dele!

Essa foi uma das curiosidades sobre as quais estava conversando outro dia com uma amiga dermatologista e muito interessada em investimentos. Uma das perguntas que ela me fez foi: "Os títulos de capitalização são ou não um bom negócio?".

Títulos de capitalização

Primeiro, vamos entender o que são os títulos de capitalização. São papéis do mercado mobiliário que podem ser adquiridos à vista (pagamento único) ou a prazo, mínimo de 12 meses, cuja função divulgada é formar uma poupança, além de concorrer a grandes prêmios.

Ao adquirir uma capitalização, o banco retira mensalmente, ou de uma única vez, o valor acordado do título diretamente da conta do correntista. Essa é uma das vantagens alegadas para o cliente conseguir poupar; a outra é poder concorrer a sorteios mensalmente, o que é o maior atrativo divulgado. Entretanto, ser sorteado é tão ou mais difícil do que ganhar na loteria.

Ao final do prazo do contrato, o valor é resgatado integralmente, com rendimento mínimo obrigatório de 20% da taxa de juros básica (a mesma aplicada à caderneta de poupança) mais a variação da TR (taxa referencial).

O que parece ser um bom investimento, além de ser também um jogo, já que são realizados sorteios de prêmios, na verdade pode não ser tão rentável assim. O que as instituições bancárias não divulgam é que sobre o valor contratado incide a taxa de administração do serviço, que pode chegar a até 15% do valor disponibilizado. Além disso, ainda há a incidência de imposto de renda, caso o valor resgatado supere o valor pago. Por exemplo: se você investiu ao todo R$ 2.400,00 (R$ 200,00 por mês durante um ano) e irá resgatar R$ 2.500,00, pagará imposto de renda sobre R$ 100,00.

Na prática, se o objetivo é poupar, vamos ver qual seria o melhor negócio: título de capitalização ou a popular poupança?

	título de capitalização	**caderneta de poupança**
Valor mensal	200,00	200,00
Ao final de 12 meses	2.400,00	2.400,00
Taxa de adm.*	–240,00	–
TR + variação**	331,38	312,62
Valor de resgate	2.491,38	2.712,62
Imposto de renda	–18,28	–
Rend. líq. anual	**2.473,10**	**2.712,62**
% rend. líq. anual	**3,05%**	**13,03%**

*Cálculo de 10% de taxa de administração/carregamento

**TR + variação estimadas em 2007.

Então, você prefere arriscar o sorteio ou garantir a melhor rentabilidade?

Consórcios

Uma das maneiras de poupar dinheiro com o objetivo de adquirir um bem específico, seja automóvel, imóvel ou aparelho eletrônico é adquirindo cota de consórcio. Então, será que o consórcio é um bom negócio?

Além de buscar todas as informações possíveis sobre a administradora do consórcio, fique muito atenta à taxa de administração. Essa taxa é cobrada para cobrir as despesas com a administração das cotas e é uma das formas de lucro da administradora.

Vamos analisar a situação de maneira prática:

Antonia comprou uma cota de consórcio de um automóvel, cuja carta de crédito ao ser contemplada será de R$ 71.500,00.

O prazo estipulado para o final do consórcio é de 80 meses e a parcela é de R$ 1.058,00.

Antonia pagará ao todo R$ 84.640,00 para adquirir um bem de R$ 71.500,00 em até 6 anos e 8 meses.

No caso de automóveis, a taxa de administração ao mês varia de 12% a 15%, o que representa um valor médio mensal de R$ 143,00 pagos à administradora por seus serviços.

A grande vantagem do consórcio é ser contemplada nos primeiros sorteios, pois com o investimento de, pelo menos, R$ 1.058,00, Antonia já poderia, em tese, adquirir o bem. Entretanto, isso nem sempre acontece. Sem contar com os consorciados que dão lances.

Vamos imaginar outra situação, em que Antonia investisse o mesmo valor em renda fixa, num investimento seguro, que tivesse um rendimento mensal de 0,80% ao mês. O que aconteceria?

Em 80 meses, Antonia acumularia o montante de R$ 117.921,74. Ah! Mas ela poderia ser contemplada na metade do tempo se tivesse o consórcio! Então, façamos outra análise. Em 40 meses Antonia já teria acumulado R$ 49.643,41, faltando apenas R$ 21.856,00, que poderiam ser facilmente financiados com juros muito mais atraentes do que os 15% ao mês da taxa de administração que ela pagaria.

Vale lembrar que os consórcios de imóveis, por serem de valor mais alto e prazo maior (até 120 meses), também têm uma taxa de administração maior, por volta de 20% ao mês.

Então, vai um consórcio aí?

Previdência privada

Ao optar por uma previdência privada, a segurada estará optando por um investimento prático, mas que é também uma aplicação mais cara se comparada a um fundo de investimento, por exemplo.

Deixando essa questão de lado, a previdência privada é uma maneira de acumular capital para ser desfrutado após sua aposentadoria e não deixa de ser interessante, principalmente para mulheres que têm dificuldades em administrar o próprio patrimônio e almejam segurança e conforto no futuro.

O investimento em previdência privada envolve parcelas mensais ou aportes em prazos determinados. São cobradas duas taxas sobre essas contribuições, tanto no PGBL quanto no VGBL. Irei explicar cada um deles logo mais.

Uma das cobranças é a taxa de carregamento, que é cobrada no momento do depósito da contribuição e varia de 1% a 5%, de acordo com a instituição de previdência privada, ligada ou não a bancos. A outra é a taxa de administração, que varia entre 1,5% e 5% ao ano, cobrada sobre o capital total aplicado, incluindo os rendimentos.

Essas taxas não costumam ser divulgadas em sites, mas estão determinadas nos contratos dos planos. Em caso de dúvida, questione seu gerente.

Portanto, ao escolher um plano de previdência privada, avalie as taxas praticadas no mercado e também as instituições, principalmente porque as contribuições são feitas durante muitos anos e você ficará refém dessa instituição. A pesquisa de taxas pode render aquela viagem com que você tanto sonha.

Como informação, em 2007 os bancos que lideraram essa captação foram o Bradesco, o Itaú e o Brasilprev, nessa ordem. Ou seja, nada menos do que os maiores *players* do setor bancário.

O investimento em previdência privada é ótimo para quem não consegue poupar de maneira independente, pois o débito é feito diretamente na conta-corrente como se fosse uma prestação (prestação boa, no caso, afinal é um investimento).

Como já informado, a taxa de administração é cobrada pelo gerenciamento do seu capital. Fique atenta ao percentual cobrado: qualquer taxa acima de 2% ao ano deixa de ser "razoável".

Em relação à taxa de carregamento, é cobrada a cada depósito na previdência. Ela já deduz o seu capital investido. Exemplo: se a taxa é de 5% e você aplicou R$ 100,00, na verdade o valor que será incluído na sua previdência será de apenas R$ 95,00. Atente também para essa taxa, pois muitos bancos omitem essa informação.

No final das contas, tanto a taxa de administração quanto a taxa de carregamento interferem no montante do seu capital ao longo dos anos.

Pesquise, compare e não se engane: o banco administra muito bem o próprio capital, portanto, ninguém melhor do que você para cuidar do seu, não acha?

PGBL ou VGBL: qual fazer?

O PGBL significa Plano Gerador de Beneficio Livre e o VGBL significa Vida Gerador de Benefício Livre. Ambos têm o objetivo, na teoria, de complementar a previdência pública.

O VGBL é indicado para autônomos e para quem atua na economia informal, ou seja, pessoas que não contribuem com a previdência oficial ou contribuem com valores baixos. Essas pessoas geralmente declaram seu imposto de renda pela forma simplificada ou com tributação sem retenção na fonte. Dessa forma, a tributação acontece apenas sobre o ganho de capital.

Já o PGBL é indicado para todas as pessoas que contribuem com a previdência oficial. Há incentivo fiscal de dedução de até 12% da renda bruta tributável, porém tal incentivo só se torna vantajoso para pessoas que fazem a declaração do imposto de renda no modelo completo e são tributadas na fonte.

Regra básica: se você tem acesso e conhecimento do mercado financeiro, vai preferir administrar o seu próprio dinheiro, logo, sua futura aposentadoria. Já se esse não é o seu perfil, a previdência privada torna-se uma disciplina forçada, que funciona e que no seu caso é muito bem recomendada.

Então, você precisa decidir se quer permanecer uma menina em matéria de cuidar da própria felicidade financeira ou quer se tornar uma mulher inteligente e ser dona do próprio dinheiro.

Dona? Sim, porque como diz aquela música do Frejat: "Desejo que você ganhe dinheiro, pois é preciso viver também. E que você diga a ele pelo menos uma vez quem é mesmo o dono de quem".

O medo e a ambição são emoções que fomentam decisões por impulso. E essa é a diferença entre pessoas ricas e pessoas pobres. Os ricos usam essas emoções e mentem a seu favor, enquanto os pobres as usam contra eles mesmos.

A maioria das pessoas trabalha pelo dinheiro e tem medo de que ele falte, mas ao receberem seus salários são dominadas pela ambição (ou desejo) de comprar produtos ou serviços com a intenção de "melhorar algo em suas vidas". Se recebem uma promoção salarial, é incrível como as despesas aumentam na mesma proporção ou ainda mais. Eis a "Corrida dos Ratos".

Se você é daquelas que para "melhorar seu dia" resolvem gastar o limite do cartão de crédito no shopping, cuidado! Você está usando suas emoções contra você e, portanto, transformando-se numa escrava do dinheiro. Logo, o dinheiro virou seu dono.

Atente para o fato de que no Brasil as mulheres ganham de 30% a 50% menos que os homens. A justificativa? Bem, as mulheres engravidam, precisam se ausentar do trabalho para cuidar dos bebês ou cuidar dos pais idosos, têm licença-maternidade e blá, blá, blá. É lógico que isso tem um custo e que alguém precisa pagar a conta. Precisa explicar mais?

A verdade por trás do espelho

É SABIDO QUE COM OS AVANÇOS DA MEDICINA E melhorias na qualidade de vida das pessoas, a expectativa de vida tende a aumentar.

Segundo o IBGE (Instituto Brasileiro de Geografia e

Estatística), em 1940 as pessoas viviam em média até os 45,5 anos de idade; em 2008, essa vida média chegou a 72,7 anos de idade, ou seja, uma diferença de 27,2 anos.

E qual a expectativa de vida dos homens e mulheres no Brasil? Em 2008, a média de vida para mulheres chegou a 76,6 anos, e para os homens a 69,0 anos; portanto, uma diferença de 7,6 anos.

Com essa nova informação, como você espera que sua vida seja na terceira idade? Você acha que é nova demais para pensar nisso? Quanto antes pensar e agir para ter segurança financeira na sua velhice e na sua aposentadoria, mais fácil será acumular o capital necessário.

Pense se de fato você espera ter fôlego e energia suficientes para trabalhar até o seu último dia de vida. Você se manterá empregada? Ou melhor, você será empregável? Será que a vida se resume apenas em trabalho? Você não teria direito a uma aposentadoria que suprisse suas viagens, alimentação e tantas outras necessidades dignas de quem trabalhou a vida inteira e que agora deseja ser recompensada por isso?

Como planejar essa fase? Pensará com a emoção e com a razão?

Se você vive sem pensar que um dia poderá chegar aos 70, 80, 90 anos, cuidado! É muito provável que você chegará lá, e aí quem irá te amparar financeiramente? Seu marido? Seus filhos? Seus irmãos?

Não coloque uma responsabilidade tão grande na mão de outras pessoas. Não há como controlar o futuro. E se o marido não estiver mais com você, seja por motivo de separação ou morte? É cruel, eu sei, mas é preciso refletir sobre isso. E se esse companheiro tão amado sofrer problemas de saúde e você tiver que ampará-lo? Já pensou nisso? De repente, a vida muda as regras do jogo e você pode estar preparada para lidar com elas... ou não. Essa escolha é apenas sua.

E já pensou em seus filhos? Por mais que você os ame e eles também a amem, não há como saber como será cuidada por eles até que o momento chegue. Há diversos fatores que poderão impedir que estes cuidados sejam suficientes para a qualidade que vida que você sonha ter no futuro. E não os culpe se eles não lhe proporcionarem tantas alegrias e a realização de seus sonhos. Não veja isso como uma obrigação por parte deles.

Qualquer dependência financeira, seja por motivo de saúde ou simplesmente por sobrevivência, pode causar transtornos na relação. E o transtorno financeiro pode ser poupado se você conseguir acumular capital suficiente para manter uma vida com certo conforto.

É o caso de dois irmãos, Clara e Diego, que são surpreendidos com a constatação de um câncer no pulmão de sua mãe. Ela, separada, sempre foi sustentada pelos filhos e, sem esperar, coloca uma responsabilidade financeira e emocional gigantesca sobre ambos.

Apesar da assistência médica, algumas consultas e exames precisaram ser realizados de maneira particular e não pelo convênio. Os remédios que não terminam mais, o tratamento e a necessidade de uma clínica especializada ou a contratação de um "cuidador" para tomar conta dela enquanto eles trabalham.

Um deles disse: "É triste ver a pessoa que amamos nessa situação. Não sabemos quando isso vai terminar. E não é apenas a questão financeira, mas a emocional também. Estamos fazendo o possível para dar a melhor qualidade de vida a ela, mas passamos o dia fazendo contas. Estamos sem alternativas e não sabemos até quando iremos sustentar isso tudo".

É justo deixar seus familiares passando por uma situação financeira difícil, sem contar que um problema de saúde tão grave como esse acaba com qualquer estrutura emocional?

Portanto, garanta uma aposentadoria confortável com certa segurança financeira. O que vier a mais será bem-vindo, e a relação com os filhos e outros parentes será bem melhor, acredite.

Um plano pra chamar de seu

QUALQUER MUDANÇA É DIFÍCIL, MAS BASTA QUE você dê o primeiro passo e veja o primeiro resultado para se animar.

Comece traçando um objetivo de curto prazo. Depois, crie outro objetivo de médio prazo e depois outro de longo prazo.

Não há necessidade de fazê-los todos de uma vez só. Analise a fase que está vivendo. Pense no que você pretende fazer em até dois anos. Pode ser uma viagem ao exterior, um curso de especialização, a compra de um carro novo. Qualquer objetivo é um objetivo.

Agora trace um plano só seu! Se você for casada ou morar com sua família e, para que esse objetivo seja cumprido, precisar da ajuda dessas pessoas, não hesite: compartilhe seu objetivo com eles. Assim, o "plano só seu" transforma-se num "plano familiar" para ter eficácia. Porque talvez você precise que eles a ajudem a economizar com as despesas da casa ou a postergar algum gasto que fariam e que não é tão necessário no momento. Enfim, converse e obtenha apoio das pessoas que dependem de você. Do contrário, alcançar seu objetivo será muito mais difícil.

Vamos começar?

Pense em um objetivo de **curto prazo** (de 6 a 24 meses). Lembre-se de que qualquer desejo é um objetivo, seja ele trocar o carro, fazer uma viagem, uma cirurgia plástica ou até comprar uma casa. Tudo dependerá do seu bom senso para equilibrar entre o que quer adquirir, o valor dessa aquisição e o tempo que se dará para consegui-lo.

A. O que você quer?
B. Qual é o valor?
C. Para qual mês/ano?
D. Quanto dinheiro tem disponível para este objetivo?
E. Quanto falta para seu objetivo? (B - D)
F. Quantos meses terá até lá? (C – mês/ ano atual)
G. Parcela mensal a investir (E/F)
H. De acordo com a minha situação atual, isto é possível? ( ) sim ( ) não

Espero que não esteja procurando a palavra "NÃO" no quadro acima. De hoje em diante, para tudo o que você quiser, só há uma resposta para o seu desejo: “SIM”. Basta que você saiba planejá-lo e ele será possível.

Como? Simples, porém exige determinação.

Se você acha que não há possibilidade de economizar o valor indicado no campo “E”, você ainda tem duas alternativas:

1ª) Pense em algo que possa fazer e garantir uma nova renda para esse objetivo. Acredite, sempre há oportunidades. Basta que você queira.

2ª) Converse com seus amigos e familiares. Eles podem ajudá-la a pensar em algo possível. De onde você menos espera, algo pode surgir. Acredite!

Agora que você já tem um objetivo para alcançar, tenha foco e não desvie a atenção até consegui-lo.

Imagine como se fosse uma corrida: escolha bem o desafio e analise seu preparo físico. Não adianta sonhar em concluir uma maratona se você não anda até a padaria da esquina. Tenha bom senso e não menospreze seus limites. Você pode começar com cinco quilômetros, depois dez, depois meia maratona e num tempo menor do que imagina, lá está você correndo sua primeira maratona!

Então, foi dada a largada e você precisa ultrapassar a linha de chegada. Não desista no meio do caminho, por mais difícil que pareça. Se você desistir, essa derrota irá atormentá-la por um bom tempo, influenciando até sua autoestima. Acredite em você, na sua determinação, e conheça a melhor sensação de todas: ultrapassar a linha de chegada. Você será uma vencedora.

Você pode traçar objetivos de médio e longo prazos também, mas recomendo que primeiramente tenha a experiência de atingir seu primeiro objetivo. Sinta o prazer da vitória, da recompensa pelo seu esforço, pense em tudo o que fez para alcançá-lo e o melhor de tudo: aproveite para curtir seu objetivo.

O próximo capítulo irá ajudá-la a alcançá-lo mais rapidamente. Veja como.

Turbinando seu dinheiro

PARA COLOCAR OS ENSINAMENTOS DESTE CAPÍTULO em prática, você precisará ter um perfil mais arrojado. Lembre-se de que você já leu o que é isso e já sabe qual é o seu.

Entretanto, independentemente de qual seja, procure sempre

conhecer e avaliar as alternativas que o mercado oferece. Talvez este não seja o seu momento, mas quem sabe seja amanhã?

Se a renda das mulheres continua sendo menor que a dos homens, precisamos aumentar nossos ativos geradores de renda de alguma forma. Afinal, já há estudos demográficos que comprovam o empobrecimento feminino, o que irá dificultar nossa segurança financeira em idade avançada. Você já leu o capítulo "A verdade por trás do espelho", correto? Então, não preciso reforçar que as mulheres vivem em média 7,6 anos a mais do que os homens.

O que podemos fazer para turbinar nosso dinheiro?

Investir a vida inteira em caderneta de poupança é, no mínimo, acomodação e não vá dar ouvidos ao seu gerente do banco com aquela conversinha de que tem uma aplicação que é exatamente o que você precisa. Na maioria das vezes, é o que ele precisa para fechar a meta do mês e trazer mais lucros exorbitantes ao banco e não a você.

Então, cara leitora, está na hora de investir sim, principalmente em conhecimento. Mas se as mulheres têm um perfil de investimento mais conservador, como "aumentar nossos ativos geradores de renda"? A resposta é: "Buscando o maior retorno possível".

O mercado financeiro (calma, não é um bicho de sete cabeças!) não vê os investidores como homens ou mulheres, gordos ou magros, bem ou malvestidos, logo as mesmas estratégias levam aos mesmos resultados. (você vai adorar a palavra "dividendos", tenho certeza!)

Para alcançar sua felicidade financeira é necessário conhecer todas as possibilidades que o mercado oferece, sem medo. Cuidar do seu futuro é ter responsabilidade e amar a si mesma. Do contrário, você vai depender de quem quando estiver fora do mercado de trabalho? Seja esperta! O futuro começa agora.

Recomenda-se que, para entrar nesse mercado, você já tenha acumulado um pequeno capital, o que pode variar muito de pessoa para pessoa.

Entretanto, há uma regra comum: não invista 100% desse capital no mercado de ações, principalmente se você é novata. Vá com calma! Mesmo que os resultados sejam favoráveis, pondere.

Crie uma carteira determinando qual o percentual que ficará na renda fixa e o percentual da renda variável, e em hipótese nenhuma altere as regras do jogo no curto prazo.

Você pode trabalhar com 80%-20%, 70%-30% ou 60%-40%, tudo dependerá do seu perfil e dos seus objetivos.

Não preciso dizer que a parte menor é a que vai para a renda variável, correto? Aos poucos esses padrões vão se estabelecendo. É comum, no início, ver resultados interessantes, descobrir a mágica (e o risco!) das opções e querer investir 100% em ações, mas não faça isso! Por experiência própria eu digo que o risco é muito grande e pode-se perder muito, principalmente com o mercado de opções e futuros, quando não se tem tanta experiência no assunto.

Quando você acumular um bom capital, não irá correr tantos riscos quanto os que desejará correr com um capital pequeno. Portanto, se você sabe como foi difícil acumular este capital até aqui, por que correr riscos desnecessários?

A palavra de ordem é: siga o plano e tudo dará certo!

Mercado de renda variável

No mercado de renda variável o investidor corre riscos, mas seus ganhos podem ser bem maiores do que os ganhos do mercado de renda fixa.

Principais ativos desse mercado:

-Ações

-Opções

- Contratos futuros

Como investir em ações, opções e mercado a termo?

Para investir em ações, valem as mesmas regras para investir em títulos públicos através do Tesouro Direto. Primeiramente há a necessidade de se cadastrar em algum agente de custódias (sociedades corretoras).

A partir desse momento, você tem a opção de entrar para um clube de investimento, onde a carteira é administrada por um gestor e o capital é formado por diversas cotas, em procedimento similar aos fundos de investimento. Geralmente há taxa de administração e, em alguns casos, também há taxa de performance.

Ou se preferir, pode administrar o seu capital pessoalmente. Diversas sociedades corretoras contam com o home broker, que é um canal de relacionamento entre os investidores diretos e essas sociedades corretoras. Cada uma tem o seu home broker. Essa é a maneira mais ágil e simples de ver as negociações no mercado acionário, permitindo o envio de ordens de compra e venda de ações on-line. Você verá ainda as cotações em tempo real, acompanhará a situação de sua carteira de ações e terá acesso a diversas ferramentas com histórico, gráficos e fatos relevantes, entre outras informações interessantes para sua tomada de decisão.

Não há custo de manutenção desse tipo de conta. Entretanto, se ela ficar sem saldo e sem movimento por mais de seis meses, algumas corretoras podem torná-la inativa.

Para escolher uma corretora, entre no site www.bovespa.com.br e acesse "Corretoras". Lá você encontrará todas as informações de cada corretora, sua categoria e tipos de serviços oferecidos.

O investimento em ações requer certo conhecimento, que você pode adquirir com dedicação a cursos específicos, lendo bastante sobre o assunto e, principalmente, trocando experiências com quem já opera há algum tempo na bolsa.

No caso de opções e contratos futuros, o risco pode aumentar bastante, principalmente quando realizadas operações a descoberto (ou seja, quando há especulação sem ter as ações para cobrir sua aposta). Não é à toa que muitas pessoas chamam a bolsa de "cassino".

Cassino é quando você aposta na sorte. Na bolsa você tem diversas informações para tomar a decisão mais acertada. É claro que há um risco, mas ele é bem mais controlado e previsto do que a aposta em um cassino, quando não há previsão alguma.

Em tempo: a Bovespa realiza um curso chamado "Mulheres em Ação". É uma ótima iniciativa para apresentar às mulheres o mercado de ações. Se você quer conhecer mais sobre o assunto, entre no site www.bovespa.com.br e agende seu curso. O material é interessante e de grande ajuda para pessoas iniciantes. Informe-se também em sua corretora. Geralmente há cursos para iniciantes sobre como operar o home broker e o uso de ferramentas específicas para melhorar o desempenho de sua carteira.

1. Ações

Cada papel ou ação é um título de renda variável, emitido por uma Sociedade Anônima e que representa a menor fração do capital da empresa emitente.

Ao comprar uma ação, você terá direito ao recebimento de dividendos sempre que a empresa distribuir seus lucros aos acionistas.

As ações podem ser ordinárias ou preferenciais. A diferença básica é que as ações ordinárias dão direito a voto em assembleias gerais, além da participação nos resultados da empresa (recebimento de dividendos). Já as preferenciais têm prioridade no recebimento de dividendos em relação às ordinárias e não dão direito a voto, ou seja, com essas ações você não participará da vida social da empresa.

Não espere receber um título formal ao adquirir uma ação. Isso tudo é controlado pela CBLC (Companhia Brasileira de Liquidação e Custódia) que provê os serviços de compensação, liquidação e controle de risco das operações. O serviço de custódia dos títulos assegura a guarda de títulos e do exercício de direitos prestados aos investidores.

Ao investir em ações, dê preferência para formar alguns lotes de ações blue chips, que são ações de empresas tradicionais e de grande porte, com grande liquidez e procura no mercado. É o caso das ações da Petrobras e da Cia. Vale do Rio Doce.

Com esses lotes, você poderá fazer outra operação para rentabilizar sua carteira, o que você verá adiante no item "Lançamento coberto".

É importante que você invista periodicamente e reinvista todos os lucros até atingir sua meta. Após isso, você terá uma segurança para fazer retiradas que não irão impactar no montante acumulado.

Este livro não é suficiente para cair de cabeça no mercado de capitais, mas dá uma base para saber qual caminho seguir e como traçar seu plano.

Lembre-se que ação não foi feita para casar com ela. Analise sempre as informações sobre a empresa que detém ações, principalmente os balanços patrimoniais que são divulgados nos principais jornais. Os balanços demonstram como anda a saúde financeira da empresa.

Se você é agora uma acionista, esperar que sua empresa dê lucro é essencial. Principalmente porque, com a distribuição dos lucros auferidos, você será beneficiada com o recebimento dos dividendos.

1.1. Ordens de stop

Quem não se lembra do filme *Proposta indecente*, de Adrian Lyne, quando um casal em crise financeira, personagens de Demi Moore e Woody Harrelson, está diante da proposta de US$ 1 milhão, feita pelo milionário excêntrico interpretado por Robert Redford, para passar a noite com a esposa?

O desenrolar da proposta se dá quando o casal arrisca seus últimos recursos num cassino de Las Vegas, apostando num golpe de sorte para solucionar seus problemas financeiros.

Na primeira noite eles até têm sorte, mas no dia seguinte a ambição aparece e a sorte se vai. À medida que eles vão perdendo mais e mais, fazem um acordo: eles ficariam com pelo menos US$ 50 mil. Esse era o limite.

No mercado de ações o limite pode ser determinado pelas ordens de stop. No caso de prejuízo, chama-se stop loss e para lucro, stop gain.

O stop loss é uma ordem com um valor limite que o investidor suporta. Chegando ao limite, a ordem é imediatamente executada com o objetivo de proteger a maior parte do capital investido.

O stop gain é o valor de topo esperado pelo investidor, que resulta em lucro.

Como o stop loss está relacionado a prejuízo, muitos acreditam que não precisam dele, apostando que a ação irá se recuperar em curto espaço de tempo; porém, vale a seguinte reflexão: se você comprou uma ação por R$ 50,00 até quanto suportaria manter esse investimento se a ação tivesse queda constante? R$ 45,00? R$ 35,00? R$ 30,00? Aqui você já perdeu 40% do seu investimento. Será que vale o risco?

É muito difícil sustentar uma posição perdedora por muito tempo, esperando que a ação se recupere; portanto, as ordens de stop são recomendadas, principalmente em caso de prejuízo.

Você pode lançar a ordem de stop com validade VAC (válido até cancelar) para proteger o seu investimento. Afinal, às vezes o mercado recupera-se rápido, às vezes não.

Assim como o casal, Diana e David, que quebraram o acordo do limite e perderam tudo, é necessário que você aja de acordo com o planejado ou poderá cair na mesma cilada.

O filme retrata bem que é mais fácil sonhar do que abrir os olhos para a realidade.

2. Opções

As opções servem tanto para rentabilizar a carteira de ações, por meio da venda coberta, como para realizar investimentos muito arriscados.

Uma opção de compra é negociada pelo valor do prêmio a ser pago ao vendedor. Ao comprar opções, o detentor passa a ter o direito de exercer ou não a compra das ações do vendedor pelo valor preestabelecido no seu vencimento. Confuso? Vamos traduzir isso usando a seguinte opção:

PETRF28

PETR (Ação Petrobras)

F (vencimento em data do mês de junho)

28 é o valor de strike da ação (pode haver variação entre este e o valor real).

A opção é negociada pelo valor do prêmio que o vendedor definiu como, por exemplo, R$ 0,40.

Ao adquirir um lote de opções (quantidade mínima exigida), o comprador irá pagar, neste caso, R$ 40,00 (0,40 x 100) e o titular das respectivas ações irá receber esses R$ 40,00 como prêmio.

O comprador passa então a ter o direito de exercer a compra das ações no vencimento indicado (F) pelo preço preestabelecido (28). Se no dia do vencimento a ação estiver valendo, por exemplo, R$ 30,00, o comprador das opções poderá exercer o direito de comprar as ações por apenas R$ 28,00 e não pelos R$ 30,00 que o mercado está negociando. Nessa situação, o lucro foi de R$ 160,00 (R$ 200,00 das ações – R$ 40,00 do prêmio pago).

Para entender as opções, você precisa trabalhar com algumas variáveis:

Preço da ação no mercado: é o valor pelo qual a ação está sendo negociada no mercado à vista. Por exemplo: PETR4 ou VALE5.

Preço de exercício da ação: é o preço indicado no direito de exercer determinada ação. Por exemplo: VALEF30, PETRF28. Cuidado para não assumir que o valor da VALEF é R$ 30,00 e o da PETRF é R$ 28,00 nesses casos. Busque informações sobre o valor real do papel. Pode existir uma variação. VALEF30 pode valer, por exemplo, R$ 29,52. Certifique-se dos valores antes de entrar na operação.

Prêmio: é o valor negociado da opção no mercado à vista.

Valor intrínseco: é o preço da ação no mercado subtraído do preço de exercício da ação.

Valor extrínseco: é o valor do prêmio menos o valor intrínseco. Também conhecido como “spread”.

Spread entre opções: é o spread entre o valor extrínseco de uma opção inferior e outra de valor superior.

As opções têm maiores rendimentos quando estão ATM (*At The Money*), ou seja, valor de exercício no mesmo valor da ação.

Opções com valores de exercício menores que o valor da ação são consideradas ITM (*In The Money*) e as opções com valores de exercício acima do valor da ação são consideradas OTM (*Out The Money*).

Entretanto, grandes variações no preço da ação abalam, tanto para cima quanto para baixo, os valores das opções e seus eixos de ITM, ATM e OTM.

Para saber mais sobre "opções", acesse o site do Bastter, um dos melhores brasileiros sobre o assunto: www.bastter.com

2.1. Lançamento coberto de opções

Para operar lançamento coberto de opções no home broker, basta ter pelo menos um lote de 100 ações da Petrobras ou Vale (ou múltiplos de 100).

Escolha qual será sua estratégia e a respectiva opção. Por exemplo: se pretende apenas rentabilizar sua carteira sem abrir mão de suas ações, analise a tendência do mercado e escolha a opção que estiver fora de ser executada nesse cenário em relação ao seu vencimento de exercício.

Entre em "Ordem", escolha o papel da opção desejada, indique a intenção de venda, bem como a quantidade a ser vendida e o valor pretendido. Lembre-se de informar que é um **lançamento coberto**. Assim que o valor que você determinou como venda for executado, o lucro entrará diretamente em sua conta da corretora. Isso é o que chamamos de prêmio ou preço da pedra, ou ainda preço do mercado de opções.

Se até o vencimento das opções o valor de mercado do papel se mantiver fora do preço de strike que você escolheu, é pouco provável que os direitos de compra de seu lote sejam exercidos.

É dessa forma que você mantém sua carteira e ainda consegue um lucro extra no período.

Caso você seja exercida, deverá vender o valor do seu lote pelo preço indicado na opção. O objetivo é ter paciência e saber comprar novas ações para retomar seu lote com o preço menor do que aquele pelo qual foi vendido. Esse é o cenário ideal.

Não tenha medo de ser exercida. Esse é o risco da operação. Se souber calcular as receitas e efetuar a nova compra com alguma vantagem, também fará uma boa aquisição. O objetivo é rentabilizar a sua carteira e aumentar o número de ações ao longo do tempo.

3. Mercado a termo

Mercado a termo é a compra de uma quantidade de ações a preço fixo para liquidação em prazo determinado através de um contrato entre as partes (vendedor e comprador). Os prazos podem ser de 30, 60 ou 90 dias.

É importante ressaltar que o preço a termo de uma ação corresponde ao valor da ação cotado no mercado à vista somado aos juros do prazo escolhido.

Quando este tipo de operação é feito, não há desembolso financeiro. Há apenas o bloqueio de ações existentes na carteira do investidor como garantia.

No entanto, se antes do prazo acordado as ações chegarem ao valor esperado em que você obterá lucro, você poderá encerrar a operação a termo antes desse prazo. Entretanto, os juros não serão retroagidos no período.

É uma operação interessante em mercado com tendência de alta.

Por se tratar de uma operação que poderá obter ganho ou não no futuro, tanto o mercado a termo como o de opções são operações de mercado futuro.

4. Contratos futuros

É similar ao mercado a termo. Há um contrato entre as partes sobre um determinado ativo a um preço definido a ser realizado numa data futura.

Ao comprar um contrato futuro, o investidor espera que no futuro ocorra uma elevação dos preços além do negociado, quando irá auferir essa margem de lucro.

A vantagem do contrato futuro é que o investidor não é obrigado a carregar sua posição (contrato) até o final do prazo. Ao atingir um determinado valor, o investidor poderá vender o seu contrato. Essa é a operação inversa que culminará no fechamento da posição e encerramento do contrato entre essas partes, sendo assim intercambiável, ou seja, outras partes poderão tomar as posições das partes que iniciaram o contrato e assim sucessivamente, até o encerramento do seu prazo.

Custos de transação

É importante considerar que todo exercício de compra ou venda de ação, opção ou contrato futuro será cobrado. Constituem os custos de transação:

- **Corretagem:** há corretoras que possuem valores fixos por ordem e valores fixos + variáveis de acordo com o volume financeiro. Vale analisar algumas corretoras antes de escolher a sua.

- **Custódia:** é determinado pela CBLC.

- **Imposto de renda**: 15% sobre o ganho de capital. São isentos os ganhos de capital auferidos por pessoas físicas em operações com ações, no mercado à vista da bolsa de valores, se o valor total movimentado não ultrapassar R$ 20.000,00 por mês.

Neste mercado, é interessante você formar uma carteira de ações com aquisições de empresas sólidas como as ações blue chips.

Há diversos canais onde obter informações sobre este mercado, mas cuidado com o que você lê, principalmente em revistas. Afinal, se a cotação muda todo dia, alguma revista pode trazer uma matéria com estratégias que seriam interessantes há vinte dias e não exatamente agora.

Sites como o Infomoney são bem interessantes. Vale a pena uma leitura diária, mas cuidado com os fóruns. Cuidado com a opinião alheia. Você pode se animar com alguma estratégia que um colega fez e, ao repeti-la, não obter o mesmo sucesso.

Portanto, recomendo que você reflita sobre as ações que quer adquirir em sua carteira. Elabore um plano e não fuja dele. Lembre-se de que a renda variável dará lucro relevante no longo prazo, portanto, não se desespere e queira vender suas ações ao se deparar com a primeira queda. Isso é sinal de quem não está preparado para lidar com os altos e baixos desse mercado tão fascinante.

Se você realmente morre de medo de perder um único centavo e só quer entrar em um investimento se for para ganhar, mesmo que seja pouco, então o seu perfil é realmente conservador. Não perca seu tempo, dinheiro e, principalmente, sua saúde com as oscilações tão comuns desse mercado. Seja prática.

A carteira de investimentos (fixos e variáveis) é o seu passaporte para a segurança financeira, que trará a tão sonhada tranquilidade e independência. Saiba cuidar bem dela e manter o plano, que deverá continuar a ser seguido quando chegar o momento de suas retiradas.

O objetivo desta segurança é manter um padrão de vida confortável pelo resto da sua vida e não algo que será consumido em poucos anos. Mulheres inteligentes não vivem como se o dia de hoje fosse o último, vivem como se o último dia nunca existisse.

A vida que eu quis pra mim

COM DINHEIRO, MUITAS COISAS MUDARÃO EM SUA vida e você precisará tomar muito cuidado para não voltar à estaca zero.

A segurança financeira lhe dará liberdade para dedicar mais

tempo às coisas que realmente são importantes para você e a fazem feliz do que àquelas que são feitas por obrigação.

Feche os olhos e pense na vida com que sempre sonhou. Pense nas pessoas que você ama, nas atividades que adora e em tudo o que gostaria de fazer e que não estava ao seu alcance por falta de tempo e dinheiro. Acredite, essa vida pode estar mais próxima da realidade do que você imagina. E isso tudo depende unicamente de você. Como diz aquela música do Legião Urbana, "disciplina é liberdade".

Prepare-se para lidar com essa liberdade financeira. Sua vida pessoal e social pode mudar se você não souber como lidar com essa nova situação. Dê importância ao que realmente é importante. O dinheiro é apenas um meio. Lembre-se disso sempre!

Hobbies

Ter um hobby é sempre algo bom, e vou além: é imprescindível. O hobby alivia a pressão e a rotina diárias, renova suas energias e coloca mais alegria em sua vida.

Particularmente, adoro esportes, e não foi à toa que me tornei uma triatleta amadora. O triatlo é meu equilíbrio emocional, a superação dos limites do corpo e da mente.

O hobby tem a ver com a personalidade de cada um e uma grande amiga definiu a minha bem: sou competitiva, adoro desafios. E o triatlo é um grande desafio. A cada prova busco minha superação e passar pelo pórtico é algo indescritível, é emocionante!

Tanto esforço e dedicação, tantos treinos em prol de um objetivo, de uma prova. E quando você passa pela linha de chegada, o corpo é invadido por uma das melhores sensações: ser vencedora.

A sensação é tão boa que é comum já pensar em outro desafio, em outra prova. Ter objetivo é o que nos move, e ter foco é o que nos faz chegar lá.

Pense em algo que goste muito de fazer e adote esse estilo de vida. A recompensa é ter uma vida mais alegre e cheia de disposição.

Amizades

No episódio "Velhas amigas", do seriado americano *Sex And The City*, a personagem Carrie reclama com sua amiga Miranda de sua amizade.

Ela diz: "Como chegaremos aos 70 (anos) se você já me pôs para escanteio?".

E continua: "Amizades não duram 40 anos assim, sem mais nem menos. É necessário investir nelas. É como uma poupança. Não espere acordar quando estiver velha e encontrar um pote de ouro".

É possível fazer uma analogia entre a vida financeira e a vida emocional. Ambas precisam de investimentos, de carinho, de atenção e saber aproveitar as oportunidades que a vida apresenta.

Invista nas pessoas que gostam de você, e não apenas nas amizades com pessoas que de você "precisa", o que é muito comum na vida profissional, a famosa network. É difícil distinguir um amigo verdadeiro de um amigo interesseiro, mas ambos são necessários. Assim como nos investimentos, algumas amizades são mais conservadoras e estarão ali com você em todos os momentos; outras são mais arriscadas, e quando você estiver num momento ruim e precisar da ajuda delas, pode ter uma surpresa desagradável.

Portanto, se você quer chegar aos 70 anos com grandes amizades e com o seu pote de ouro, comece a investir agora e não pare mais. Isso é algo que ninguém pode fazer por você, ou seja, ninguém lhe dará fortuna ou amizade eterna se você não for capaz de mantê-las.

Homens

Ao ler essa palavra, você pode ter pensado: homens não ligam para mulheres com dinheiro, basta que sejam gostosas. Seu pensamento não deixa de ter um fundo de verdade, mas isso dependerá do grau de compromisso que eles querem com essas mulheres.

Ao longo de uma vida de relacionamentos amorosos, tenho experiência suficiente para dizer que uma mulher com dinheiro pode afastar alguns homens, mas acredite: são homens que realmente não precisam chegar perto de você. Talvez seja porque homens assim sintam medo do suposto "poder" que essas mulheres têm, sintam-se inferiores ou até pensem que é "muita areia pro caminhãozinho deles". Independentemente do motivo, esses são homens inseguros e, sinceramente, nenhuma mulher determinada e segura quer um homem assim ao seu lado, não é mesmo?

Mulheres seguras e com dinheiro têm poder de fogo quadruplicado para conhecer homens inteligentes, em lugares diferentes, com conversas realmente interessantes. Não que seja impossível encontrar homens assim no meio da multidão, mas quanto mais seleto for seu grupo, mais facilmente você será notada e mais identificação terá com ele.

O dinheiro irá facilitar as coisas para você. Sabe como? Proporcionando os cuidados de beleza que toda mulher merece e, principalmente, fazendo você se ver e ser vista, pela sua inteligência, elegância, cultura, educação e simpatia. Também conhecendo novos lugares, você conhecerá novas pessoas. E conhecendo novas pessoas poderá encontrar e conquistar o amor da sua vida.

Fique atenta também aos oportunistas, porque infelizmente esse tipo de homem também existe. E nunca, em hipótese alguma, deixe que alguém cuide da sua "situação financeira" por você.

Família

A família é outro pote de ouro. Não basta apenas fornecer o que eles precisam. Roupas, alimentos, educação... Isso é básico e o dinheiro cumpre bem esse papel. Mas há algumas coisas que o dinheiro não supre: amor, atenção, conversa, troca de experiências.

Meus pais se separaram quando eu era adolescente e meu pai simplesmente desapareceu por oito anos. A pensão do meu irmão mais novo, então com 8 anos de idade, era paga e mais nada. Somos três irmãos: Carlos, eu e Rodrigo (mais novo). Nenhum telefonema, nenhum passeio de domingo, nenhum contato.

Fiquei sem estudar por um ano, sofremos muito,

principalmente minha mãe, mas ela se tornou meu maior exemplo de pessoa batalhadora e determinada.

Meus tios Mani e Luzia foram e continuam sendo essenciais em nossas vidas e só tenho a agradecer por tudo o que fizeram por nós.

Depois de oito anos meu pai reapareceu como se nada tivesse acontecido. Como se tivesse saído para ir ao supermercado. Foram algumas visitas rápidas, e confesso que não entendi o propósito até hoje, afinal ele desapareceu novamente e constituiu outra família.

Seguimos nossas vidas, e hoje devo quem sou a minha mãe e – por que não? – também ao meu pai. Se ele não tivesse nos abandonado, talvez eu não tivesse trilhado metade do caminho que trilhei até hoje.

Então, cara leitora, se agora você tem mais tempo para as "coisas" importantes, as pessoas que você mais ama devem estar sempre em primeiro lugar.

Projetos

Quando você se aposentar ou tiver tempo para tocar algum projeto, siga em frente. Analise sempre os dois lados da balança e tenha certeza de sua realização pessoal.

Deixe sua estrela brilhar e não permita que ninguém a apague ou sequer ofusque seu brilho.

Resumindo...

Seja qual for o seu objetivo, o investimento é apenas um meio para chegar lá. Afinal, se você não sabe para onde quer ir, qualquer caminho serve.

Não existe investimento certo, pois tudo depende de cada pessoa, do que ela está disposta a abrir mão para chegar ao seu objetivo. Há pessoas que são extremamente determinadas, outras nem tanto. Há aquelas que não abrem mão de investir no barzinho com os amigos, outras em sapatos de Manolo Blahnik, como a personagem Carrie Bradshaw do seriado *Sex and The City*.

Se você é fanática por esse seriado como eu, irá se lembrar do dia em que ela foi despejada de seu apartamento pelo ex-namorado,

Aidan, e ao pedir um empréstimo no banco a gerente recusou, afinal Carrie não tinha nenhum investimento. Ao discutir o caso com Miranda, sua amiga advogada, descobre que investiu US$ 40 mil em cem pares de sapatos!

Portanto, o melhor investimento depende não apenas da sua renda, mas principalmente do seu estilo de vida, das suas responsabilidades, do seu grau de tolerância ao risco, do seu conhecimento e da sua determinação.

É claro que a maioria das pessoas precisará abrir mão de algumas coisas para conseguir poupar, mas quando se tem um objetivo, tudo fica mais fácil e prazeroso. Cuidado com as mudanças radicais: o investimento além do limite não irá durar três meses e você ainda poderá cair na armadilha do cheque especial pela sua atitude impensada.

Bom senso, dinheiro e investimento são os ingredientes perfeitos para alcançar seu objetivo.

E então? Você já descobriu o que há na bolsa da mulher inteligente?

A bolsa de uma mulher está cheia de pequenos itens essenciais para o seu dia a dia. Itens de beleza, controle, poder de compra, sedução, organização, comunicação, acesso, saúde, amor e de admiração.

A bolsa de uma mulher revela mais sobre ela do que seu próprio diário. Revela seus gostos, seu perfil, seu consumo, suas manias, seus deslizes e até sua personalidade.

A bolsa da mulher inteligente revela tudo isso, mas com um quê a mais. Revela uma vida cheia de alegria, de objetivos, de aventura, de sucesso e de satisfação. A desorganização dentro dela revela apenas que sua vida não é certinha, há certas dificuldades e obstáculos a serem vencidos, mas que ela é determinada o suficiente para fazer o possível para que sua vida seja simplesmente... maravilhosa!